大学英语教学中
互动式教学法应用研究

王华◎著

西南交通大学出版社
·成都·

图书在版编目（CIP）数据

大学英语教学中互动式教学法应用研究 / 王华著. —成都：西南交通大学出版社，2018.6
ISBN 978-7-5643-6269-0

Ⅰ.①大… Ⅱ.①王… Ⅲ.①英语－教学法－研究－高等学校 Ⅳ.①H319.3

中国版本图书馆 CIP 数据核字（2018）第 149241 号

Daxue Yingyu Jiaoxue Zhong Hudongshi Jiaoxuefa Yingyong Yanjiu
大学英语教学中互动式教学法应用研究
王 华 著

责 任 编 辑	孟 媛
封 面 设 计	腾博传媒
出 版 发 行	西南交通大学出版社 （四川省成都市二环路北一段 111 号 西南交通大学创新大厦 21 楼）
发行部电话	028-87600564 028-87600533
邮 政 编 码	610031
网 　 　 址	http://www.xnjdcbs.com
印 　 　 刷	成都中永印务有限责任公司
成 品 尺 寸	170 mm × 230 mm
印 　 　 张	12.25
字 　 　 数	201 千
版 　 　 次	2018 年 6 月第 1 版
印 　 　 次	2018 年 6 月第 1 次
书 　 　 号	ISBN 978-7-5643-6269-0
定 　 　 价	68.00 元

图书如有印装质量问题 本社负责退换
版权所有 盗版必究 举报电话：028-87600562

前 言

如今，随着大学英语课程改革的深入，大学英语教学也面临着新的机遇与挑战。传统的英语教学方法已经不再适应当前教学改革的要求。于是，大学英语教师开始采用互动式教学法。互动式教学法作为有别于传统教学法的新方式，以互动为基础，激发学生参与课堂的积极性与自主性，在不断深化的探究学习中培养学生自主学习、独立思考的能力，最终高效地完成教学任务与目标。

培养学生的语言能力和应用能力是大学英语教学的核心。在交互性语言教学中，其教学目的是培养和发展学生将外语作为交际工具的能力。在实际教学实践中，不仅需要重视培养学生的语言能力，还必须重视培养学生的交互能力。从根本上说，交际起源于交互。言语交互的内涵是接收和表达信息。在外语教学中，想要促进双向交流，就应激发与保持学生积极参与交互活动的兴趣。因此，本书尝试着对交互法及其在大学英语教学中的应用进行研究。

本书主要研究大学英语多元互动教学法。本书首先对大学互动式英语教学的相关基本理论进行了系统梳理；其次对大学英语互动式教学当中的写作教学的相关内容进行了探究，对大学英语写作互动式教学的现状以及课堂教学情况进行了阐述，同时也对互动式大学英语写作教学进行了反思；再次，对大学英语阅读互动式教学法进行了具体的研究，并且对大学英语阅读互动式教学的应用情况做了分析；此外，还对大学英语听力互动式教学进行了相关的研究；最后，探究了大学英语口语互动式教学法，通过探讨以期推进多元互动教学法在大学英语教学中的应用。

本书系 2017 年教育部在线教育研究基金（全通教育）重点课题子课题"地方普通高校大学英语教学与应用型人才培养的研究与实践"（编号：

ZXJYKTX065）的阶段性研究成果。

  本书由湖南常德职业技术学院王华撰写。在撰写过程中，作者吸收了部分专家、学者的一些研究成果和著述内容，在此表示衷心的感谢。由于作者水平有限，书中难免会有缺点和错误，恳请广大读者批评指正。

王　华

2018 年 3 月

目 录

第一章　大学英语多元互动教学概述……1
　　第一节　大学英语教学模式的发展历程……1
　　第二节　大学英语多元互动教学模式的内涵……10
　　第三节　大学英语多元互动教学的理论基础……19
　　第四节　大学英语多元互动教学模式的实施程序……30

第二章　大学英语写作互动式教学法……40
　　第一节　大学英语写作教学现状的研究……40
　　第二节　英语写作教学方法的研究……47
　　第三节　英语互动式写作教学课堂实际应用……56
　　第四节　互动式大学英语写作教学的反思和启示……67

第三章　大学英语阅读互动式教学法……77
　　第一节　对阅读过程的认识……77
　　第二节　构建互动式英语阅读教学模式……83
　　第三节　英语阅读教学中互动式教学法的实施……93
　　第四节　英语阅读教学中互动式教学法的应用……106

第四章　大学英语听力互动式教学法……118
　　第一节　大学英语听力互动式教学现状……118
　　第二节　影响互动式英语听力教学实施的因素……128
　　第三节　互动式英语听力教学的实施策略……138
　　第四节　大学英语听力互动式教学法的说明……149

第五章　大学英语口语互动式教学法…………………………………… 156

第一节　大学英语口语互动式教学的重要性……………………… 156
第二节　大学英语口语互动式教学的理论基础…………………… 164
第三节　大学英语口语互动式教学法的操作程序………………… 175
第四节　互动式教学法在大学英语口语中的应用………………… 179

参考文献………………………………………………………………… 189

第一章　大学英语多元互动教学概述

互动是教育的精髓所在，是师生交往的状态，是衡量教学质量的标准之一。当然，关于互动教学的研究早已有之，并一直深受国内外教育学者们的热爱，是教育教学领域的一项重大研究课题。然而，随着时代的变迁和教育的改革，人们已经认识到，传统单一的互动对象、互动形式和互动内容等，已经不能适应当今的教育要求和教育需求。于是，关于改善互动教学的声音越来越大，在此形势之下，多元互动教学应运而生。多元互动是教学中一个极具理论和实践价值的教育形式。1972年，联合国教科文组织国际委员会的教育报告《学会生存——教育世界的今天和明天》中提道："新的教育精神是使个人成为他自己文化进步的主人和创造者。自学，尤其是有帮助的自学，在任何教育体系中，都具有无可替代的价值。"2007年，教育部高等教育司制定的《大学英语课程教学要求》也明确指出："大学英语的教学目标是培养学生的综合应用能力，同时增强学生的自主学习能力，以适应我国经济发展和国际交流的需要。"

第一节　大学英语教学模式的发展历程

"自主学习"和"学会学习"已成为当今教育界的最强音，培养学生自主学习能力是整个社会发展的必然要求。因此，通过多元互动教学来提高大学生英语自主学习能力的研究，具有重要的理论意义和实践意义。一方面，从理论层面上看，可以对多元互动教学的发展历程、实施过程、特点，以及影响等方面和学生自主学习的内涵、影响因素、必要性等方面有一个更加系统的认识和了解，为以后的研究奠定理论基础和理论指导。另一方面，从实践层面上看，多元互动教学适应了当今我国大学英语教育改革的客观要求,是21世纪科技发展的必然和我国教学现状的必然。多元互动教学的开展,对大学生英语综合能力的提高,尤其是对学生的自主学习能力的培养,有着显著的作用。

一、西方外语教学模式发展情况

由于分类的侧重点不同(按培养思维能力、按传授知识、按人格发展进行划分),教学模式的分类见仁见智,学派纷呈。从基于课堂的教学模式来看,外语教学模式在国外基本分为三大类型:第一类是课堂讲授型;第二类是相互交流型;第三类是折中型。

以教师为中心、教师讲授、学生忙着做笔记是课堂讲授型的主要特点。这种教学模式的基本假设是课堂规模太大,要采取老师与学生或学生与学生之间的相互交流的模式,既不现实,也无法做到。这一教学模式的局限性是:教学主要靠教师的个人魅力、教学技巧等来调节教学气氛。由于教师和学生之间缺乏足够的交流,学生很难集中注意力专心听讲。时间一长,学生有可能逐渐丧失外语学习的兴趣和积极性。

在相互交流型的课堂教学过程中,学生处于整个教学活动的中心。学生经常通过结对子、小组活动来参与语言教学实践活动。课堂提问、角色扮演、课堂辩论等手段,也常常为教师所用,以营造学习氛围,促使学生参与到课堂教学过程。教师的作用是设计课程、布置任务、组织协调等。这种模式的假设为语言是在学生不断实践的过程当中逐渐获得的,而不是只由教师教授一些语言知识和规则而学到。不过,如果这种课堂教学设计缺乏严密性、学生不配合时,课堂教学就有可能处于"无政府"状态。

折中模式,顾名思义,是在课堂讲授型和相互交流型两类教学模式的基础上,取其各自的长处发展而来的。它的特点是,将教师在课堂教学中所发挥的作用与学生的学习实践活动进行有机结合,充分发挥教师、学生各自的主动性。在课堂规模较大时,该模式既保留了教师讲授部分,也发挥了学生的参与作用。有时,该模式也借用现代教学手段以便提高教学效果。例如,将部分课堂教学内容转移到课外由学生自主完成,留足课堂教学时间与学生进行沟通与交流。由此,大型课堂讲授不再是最主要的教学手段,而是代之以小组活动、个别指导、定期辅导等教学方式,学生成为外语学习的主体和参与者。不过,该模式组织实施的前提是学生必须有高度的主人公责任感。而且，该模式比较适合高年级或外语基础较好的学生。

现代信息技术被应用到语言教育领域之后，外语教学模式更加丰富多彩，先后出现了许多变形。米因斯（Means）等将基于信息化环境下的折中教学模式归纳为五种有代表性的形式，每一种模式都会随着信息技术的作用方式，以及教师和学生的主体作用的变化而呈现出不同的特征。

（一）传统的计算机辅助教学模式（Computer Aided Instruction, CAI）

这种模式也被称为教师中心模式，师生双向交流。教学内容被预先存入计算机中，教师通过控制计算机向学习者呈现教学信息，并从学习者获得反馈信息。典型的教学情境是教师运用多媒体教学系统辅助课堂教学，教师利用 CAI 课件演示教学内容，学生给予反馈，或根据内容进行各种语言操练等，教师主导并监控整个教学过程。

其不足之处主要是，师生面对面的情感交流不多，学生个体差异没有得到考虑，基本上是"机灌"式的教学方式。

（二）代表传统型的教师主体与学生客体模式

教师与学生均通过计算机进行信息交流。教师（主体）通过计算机把教学信息传送给学生（客体）、提供学习支持，学习者通过计算机学习教学内容，发送求助、反馈等信息。

基于局域网、广域网和交互型远程教学系统的教学属于这类模式。该模式要求学生有很强的自主学习能力。

（三）教师主导—学生主体教学模式

师生之间不进行面对面的交流，属于单向信息传播。教师通过计算机将教学信息传送给学习者，但不直接获得反馈信息。学习者也不是直接从教师那里获得教学信息，而是主要通过计算机进行学习。它是一种较为典型的计算机辅助教学模式。

该模式的实施需要学生有很高的认识水平和元认知水平，善于自我监控。开放式的远程教育多采用这种模式。

（四）工具型学生中心教学模式

这种模式自我反馈较弱。学习者利用计算机作为工具构建自己的信息作品，并从对自己的信息化作品的自我评价中得到某种反馈（弱反馈），如学习者使用电子表格、数据库等认知工具软件进行学习。

教师通过操作媒体观察学习者的学习过程和作品，然后给予评价性信息作为反馈。该模式需要教师事先充分了解学生，并根据学生的实际情况设计出符合学生认知水平的学习任务。当然，也需要学生具备一定的元认知策略。

（五）学生中心与教师辅助的教学模式

该模式具有很强的自我反馈。学习者通过操纵计算机获得信息，可根据自己学习的需求和兴趣，通过观察、假设、尝试、验证、调整等一系列学习活动进行发现式学习。这种教学模式也可能同时伴随人机传播过程，学习者也可以通过计算机与教师沟通，请求咨询或获得指导。

二、我国近40年英语教学模式发展情况

改革开放政策促进了我们与国外教育界的学术交流与合作，我国的外语教学无论在实践还是在理论研究方面，都取得了丰硕的成果。特别是计算机辅助语言学习，为大学英语教学带来了革命性的变化。回顾自改革开放以来我国大学英语教学模式发生的变化，大致归结为三种模式：第一，以教师为中心的传统课堂教学模式；第二，计算机辅助语言教学模式；第三，以教师为主导、学生为主体的教学模式。

（一）以教师为中心的传统课堂教学模式

从20世纪20年代到20世纪中期，我国大学英语教学实践活动主要以教师为"中心"组织教学。在该模式下，教师确定学习内容、安排学习进度等，教学设计侧重知识点之间的线性设计。纸质教材、黑板和粉笔等，是教学所采用的主要教学媒体。此外，还有幻灯机、录音机和磁带等视听媒体。不过，可利用的资源不多，主要有半导体收音机、广播、电视外语节目和传统语音实验室。课堂语言教学以语法翻译法教学为主，课后学生进行重复性语言操练为辅。教学的基本要素是"教师、学生和教材"。在教学评价方面，强调学生对所学知识的掌握情况，以终结性评估为主。

以教师为中心的课堂教学模式主要表现为以下几种形式：第一，语法翻译式。其主要特点是学生在课堂上以掌握英语知识为主，特别是词汇、语法等方面的知识。在该教学方式下培养出来的学生，独立学习能力不强，始终依赖教科书和教师，学生自主、自愿接受英语知识的机会很少。第二，听说式。其核心是将听放在首位，先用耳朵听，后用口讲，经过反复的口头操练，最后熟练地脱口说出教师提供的句型。这种教学模式忽视学习者

的认知能力在外语学习中的作用。机械性的操练不利于学生在现实生活运用所学的知识。第三，答疑式。教师将学生提出的问题分类，上课时详细讲解学生所提问题当中具有典型性的问题和内容。对于不具普遍性的问题，则进行个别辅导。在某种程度上，这种教学模式更关注学生共性与个性方面的问题，体现因人施教的教学原则。

需要指出的是，脱离具体情况去评论哪一种方法好还是不好，不是一种科学的态度。教学实践中，教师需要从实际出发，博采众长，灵活运用。

（二）计算机辅助语言教学模式

从 20 世纪中后期到 21 世纪初，计算机的介入使传统的大学英语教学进入了计算机辅助语言教学时代，计算机作为重要的教学媒体走上了外语教学的舞台。除传统的教学媒体外，计算机辅助教学成为大学英语教学领域的一大特色。该模式强调以学生为中心的教学结构，注重新旧知识的非线性结构安排和多媒体组合，利用磁带、广播电视节目、视频光盘、计算机等作为教学资源。此外，随着信息、技术的逐步成熟，传统的语音室被改造成计算机多媒体语音室，普通的教室升级成为多媒体教室，教学功能大大增强。

计算机辅助语言教学模式带来许多优势，主要体现在以下几个方面：第一，教学信息更加丰富，语言教学更加直观、生动。多媒体技术集图文、声音为一体，方便教师灵活切换教学内容，对学生具有比较大的视觉、听觉等多模态冲击。在以教师为主导的课堂教学过程当中，教师利用多媒体后，授课效果更生动，教学内容更容易为学生所接受。第二，学习时空得到延伸与拓展。计算机辅助语言教学模式打破了传统英语课堂教学的时空界限，构建了一个开放的教学空间。借助多媒体助学光盘，学生可以不受课堂教学时空的束缚，学习时间机动灵活，可长可短，由自己灵活掌握。如果遇到语言难点，可以借助计算机反复学习，直到弄懂为止。第三，教师指导下的学生自主学习能力开始引起重视。计算机辅助语言教学模式，不仅在某种程度上缓解了因扩招所带来的师资短缺问题，而且可以在大学英语教学课时十分有限的情形下，方便教师通过教学任务来要求学生在课外培养和形成"自主学习"的能力。第四，教师教学信念的变化。与传统外语教学模式相比，有利于促使教师更新教学信念。在传统的英语教学中，英语教师的角色基本上是"传道、授业和解惑"。在计算机辅助教学模式下，教师角色从单纯的知识传授者,逐渐转变为教学课件的设计者、教学过程的组织者和引导者、知识传授的筛选者、课堂活动的幕后导演。这一变化要求教师与时俱进、更新观念、形成符合现代外语教学理论的教学信念。

然而有研究表明,这一阶段的外语教学也存在一定的不足。其中,最大的问题就是:教师利用多媒体进行教学的理念转变还不够到位,在教学方法上准备不充分;大学英语教学实践中出现极端现象;利用计算机多媒体进行教学的改革力度不大,理念转变不够,出现教学媒体技术的低值使用一现象。例如,几十万元的设备只被当作"大录音机"来使用,有些多媒体英语课件只是教材的"电子搬家"、简单的文字加图片。此外还表现在滥用多媒体技术,老师制造无效信息,分散了学生的注意力。例如,在具体的语言技能教学上,哪些技能的课堂教学需要多媒体设备,哪些不该用,以及如何合理用没有合理的计划,以为使用了技术设备,就能提高教学效果。又如,有些教师在利用多媒体进行课堂教学时,很少板书或不再板书,只坐在教室前方电脑主控台前一边点击教学光盘、一边说课。由于教师与学生之间缺乏必要的情感交流,结果多媒体课堂教学成了变相的"机灌"教学,课堂气氛沉闷,不利于调动学生参与课堂活动的积极性。

总之,我国这一时期的大学英语教学模式逐渐由封闭式、单向性的知识与技能传播转向开放式和多向性,呈现出多元化的趋势,教学环境也呈现出开放性、交互性、协作性、多元性等特点,学生逐渐有机会在课外通过多媒体教学光盘等资源学习英语,提高英语运用能力。与此同时,国内基于多媒体辅助教学的研究也层出不穷,并取得了许多研究成果。这些成果的共同特点是如何将计算机多媒体技术充分应用到英语教学中,或是对计算机多媒体辅助教学方式的反思、或是各种英语教学设计,但能够代表未来外语教学发展趋势的基于信息、技术环境的教学设计却很鲜见。

(三)以教师为主导、学生为主体的教学模式

进入 21 世纪以后,以计算机与网络为特征的信息技术有了迅猛发展。此阶段也正是教育部门大力提倡利用现代信息技术开展外语学习的阶段。教育部倡导的基于计算机和课堂的英语教学模式,旨在解决学生语言应用能力低下,并缓解因大学扩招而带来的外语教育资源严重紧缺的问题。但是,如果还只是把计算机当作辅助工具,很难达到大学英语教学改革的目标。于是,以计算机网络为特征的信息技术开始与外语课程进行全面的整

合，迈向了与外语课程融合，并逐步走向成熟的阶段。

2007年，教育部颁布的《大学英语课程教学要求》指出："各高等学校应充分利用现代信息技术，采用基于计算机和课堂的英语教学模式，改进以教师讲授为主的单一教学模式。新的教学模式应以现代信息技术，特别是网络技术为支撑，使英语教与学可以在一定程度上不受时间和地点的限制，朝着个性化和自主学习的方向发展。新的教学模式应体现英语教学实用性、知识性和趣味性相结合的原则，有利于调动教师与学生两个方面的积极性，尤其要体现学生在教学过程中的主体地位和教师在教学过程中的主导作用。"该课程要求的颁布为信息技术与大学英语教学的全面整合打下了扎实的基础。随后，教育部又推荐由高等教育出版社、上海外语教育出版社等国内四家主要出版社研究开发的大学英语学习系统。这些基于环境运行的多媒体教学系统为推动"以教师为主导、学生为主体"的大学英语教学模式在我国大学英语教学实践中顺利实施提供了技术保障。从此，我国开始进入实施和推广信息技术环境下，以教师为主导、学生为主体的大学英语教学模式的阶段。

这一阶段的教学理论强调以学生为中心，学生由外部刺激的被动接受者、知识的灌输对象，转变为主动参与、发现并加工信息的主体和知识的建构者。教师不再是"权威"，而是课堂教学活动的"设计者、指导者、合作者和帮助者"。在教学过程中，教师与学生之间是平等、友好的关系。教学的基本要素是"教师、学生、教学媒体和教材"。教材是学生主动建构意义的对象，教学媒体是用来帮助创设情境、进行合作协商式探索的认知工具。教学设计中充分利用数字化、网络化、多媒体化、智能化、信息化等信息技术，营造良好的学习环境。

同时，伴随网上即时通信技术的发展，在线实时异地交流得以实现。网络和交互性成为这一阶段教学媒体最大的特点和优势。学生不仅能在课外时间与教师随时进行互动，还能与其他学习者进行互动。对于外语学习来讲，主动的过程就是学习的过程。另外，网络为外语学习提供了最新的、与现实社会"无缝对接"的学习资源。其中，专题学习网站和多媒体网络课程等提供了系统化设计的集成语言学习资源。

在这一阶段，基于计算机网络的信息技术与外语课程整合的理论研究和方法探讨，引起了人们的关注。许多专家、学者纷纷撰文发表自己的观点。其中，陈圣林教授从学术视角探讨"网络化多媒体外语教学"的理论内涵和学科定位，把我国方兴未艾的大学英语网络多媒体教学事业的理论探索引向深入。接着，陈圣林教授进一步指出，计算机技术日新月异，其功能有了跨越式的发展，已远远超出辅助的功能。未来的发展趋势是传统的计算机辅助教学模式将逐步演变成计算机主导教学模式，计算机可扮演多种角色，既可作为教师和学员，也可作为学伴和同学，使外语教学真正做到虚拟化、个性化和自主化。

随着讨论的深入，"以学生为中心"的教学结构逐渐在外语教育界形成共识。但是，如何在具体的外语教学实践中坚持"以学生为中心"，处理好课堂教学与课外学生自主学习的关系等，不少教师在认识上还相当模糊，感到困惑，因而教学比较盲目。于是，陈圣林教授再次发表论文，对"教师中心"与"学生中心"的理论根源、各自特点进行探讨和分析，并总结出五类关于外语教学中的教师中心模式与学生中心模式：第一，教师中心模式。教师是主体，学生是客体。第二，学生中心模式。学生是主体，教师是客体。第三，以教师中心为主、学生中心为辅的模式。教师主导，学生是主体。第四，教师和学生都可以作为主体，究竟谁是主体，要看在教学活动中师生的具体作用而定，这种模式既可以以教师为中心，也可以以学生为中心。第五，教师中心与学生中心的综合模式。教师与学生互为主体，即双重主体。

在理解了谁应该为"中心"后，还必须考虑另外一个不可或缺的因素——环境，特别是基于信息技术的学习环境。这里所说的信息技术教学环境，是基于硬件、软件和人际环境三者有机组合的综合系统。在此系统中，各要素相互作用而产生一定的教学效果。在实际教学实践中，随着师生间相互作用的变化及教学信息内容的增减，会产生不同的教学模式。

正是在这样一个关键节点，陈圣林教授进一步指出，计算机的作用已远远超出其辅助的功能，它已经融入人们社会生活的方方面面，外语教学也不例外。在外语学习领域，学习者与计算机可被认为是一个人机社会。从生态学的角度来看，当学习者和计算机处于人机社会时，计算机不应当以物的方式被排除在这个生态系统之外，而应是这个生态系统中一个重要的生物链。

他认为，计算机网络与外语教学全面整合至少带来三大突破：一是打破课本为知识唯一来源的局限；二是创设理想的外语学习环境；三是改变传统的教学结构。2008年，陈教授呼吁要进一步促成计算机在大学英语教学中"正常化"和语言教育环境"生态化"。这就为大学英语教学朝着构建多元互动式、任务型的教学模式指明了方向。

可以说，在这一阶段，我国广大外语教育工作者对于信息技术与英语课程的整合进入了深层探讨的时期，在促进学生的英语水平、提高英语教学质量等方面取得了进展，但是，这个阶段的教学实践中也存在着有待进一步思考的地方。一是学生信息素养薄弱问题。信息技术教学环境下，学生身边充满各种各样的信息浪潮和信息媒体，但是，学生利用信息技术工具获取信息、分析信息的能力却相对低。在进行自主学习等相关学习活动的时候，学生会不由自主地偏离语言教学主题而进行一些其他活动。例如，在网络课堂教学时，有些学生会浏览与教学内容无关的网页；有些学生甚至将游戏程序拷入所使用的计算机上，把"英语学习中心"当成"游戏室"；还有些学生在要求用英语进行在线交流时，在计算机的互动框中输入中文信息，偏离了英语会话的教学目的。二是新的教学模式与传统教学管理系统失调的现象。以教师为主导、学生为主体的大学英语教学模式强调信息技术与课堂面授相结合。然而，学校的教学系统，包括教学理念、方式、手段、评估等比较传统，教师感到困惑，出现了许多教学变体模式。尽管这些变体模式有一定的可取之处，但以教师为中心的传统教学模式没有变。

综上所述，我国外语教学模式的研究紧跟国际步伐，呈现多角度、繁荣发展的趋势。笔者认为，不管采用哪种外语教学模式，最基本的目标应该是激发学生学习英语的强烈兴趣和动机，创造良好的英语学习环境，提供丰富的语言学习资源，重视学生学习策略，形成和帮助学生树立"在做中学"的学习理念，使之善于解决学习中的困难。一定要防止出现两类极端性的教学模式：一类是教师绝对控制模式。教师虽然也借助了信息技术工具开展教学活动，但是，信息技术只是辅助教师"教"的演示工具，由以前的"填鸭式"变成了"机灌式"。另一类是学生绝对自主的模式。教师虽然为学生设计了很多任务，如让学生分组讨论、上网查询资料、分析资料、成果汇报等活动，以便促成自主学习，但教师对各项活动的指导不够，学生自主学习几乎处于"放羊状态"。

因此，在计算机、网络、多媒体等信息技术进入大学英语教学生态系统之后，我们需要重新认识教学四要素——教师、学生、教学内容、教学媒体之间的关系，将信息技术与英语课程进行有效的整合，因地制宜地建构符合英语教育学科特点和外语学习认知规律的信息技术环境下大学英语多元互动教学模式，全面提高学生的英语综合应用能力、跨文化人际沟通和自主学习能力。

第二节 大学英语多元互动教学模式的内涵

"互动为教育之常态，是教育的永恒主题。"笔者认为，大学英语教学效果能否取得突破，主要取决于"师生—生生—生机"之间的互动是否能够经常性地得以实现。因为信息技术环境下的外语教学打破了传统外语教学模式给教与学所带来的限制和障碍，提供了几乎无时不在的互动教学时空和途径。在这种新型教学模式下，有效互动是提高教学绩效的决定性因素之一。鉴于互动与外语教学的这种关系，有关学者提出大学英语多元互动教学模式，并在教学实践中开始探索与尝试。在我校大学英语教学团队所有成员的共同努力下，其指导思想、教学大纲、教学管理、操作程序、教学评估等得到了发展和完善。其宗旨在于通过变革学习方式，包括教学方式、信息内容呈现方式、师生互动方式、评价方式等，帮助学生具备适应信息知识时代所需要的知识、能力和素质。经过四五年的摸索与尝试，该模式逐渐形成为具有校本特色的大学英语教学模式。

一、多元互动教学模式的含义

（一）何谓多元互动教学模式

"多元互动"中的"元"即"要素"，指与学习有关而又能相互作用的各种教学因素，包括教师和学生人员要素、教材信息要素、教学条件与环境、物质要素等。"多元互动"的"互动"是指充分利用各种跟学习有关而又能相互作用的教学要素，促使学生主动地参与学习，达到高质、高效教学效果的一系列教与学活动。教与学两类活动，是多种教学要素之间多向互动的有机整体，是主体与客体的辩证统一，教学目标的达成具有动态生成性。所谓"多元互动"教学模式，是在信息技术环境下，把教学活动看作是多元的交往沟通和动态的交互影响过程，通过优化教学互动的方式，充分利用各种与学习有关的教学要素，调节它们之间的联系与作用，调动和促进学生的积极性，开展学习活动，形成全方位、多层面的和谐互动，以产生教学共振、提高教学效果的一种新型教学结构形式。大学英语多元互动教学活动，系指教师与学生，作为大学英语教学活动的双主体，在课内、课外等活动场所，以及网络虚拟空间的三维环境中所进行的"师生—生生—生机"之间的英语学习活动。在此过程中，教师的主要作用是引导、促进、协调学生的外语学习，而学生通过探索、实践与互动，在"例中学、做中学、探中学、评中学"的过程中，完成对语言知识及使用规则的内化和语言行为的外化。

（二）大学英语多元互动教学模式概念模型

众所周知，学习者已有的知识和经验，在新的学习过程中发挥着重要的作用。因此，在教学过程中，教师应该注重如何创造和利用各种条件，帮助学生在信息技术环境下，获得必要的直观经验和预备知识。很显然，教师和学生需要一个理想的教学环境。那么，理想的外语学习环境又是怎样的呢？

理想的信息技术教学环境，应该包含情境化学习、合作化学习以及开放式学习三个要素，是一种"教师主导—学生主体"的教学结构。教师主导是指教师为学生提供一个资源丰富的学习环境，指导学生参与其中的学习活动。学生主体则主要体现在"以学生为中心"的学习方法下，让学生在学习活动中变得更主动、更积极。在日常的教学实践中，笔者也发现，虽然每个学生学习英语的方法和目的不同，但成功学生的身上都有着一些共性。例如，对英语学习有着强烈的爱好、愿意经常接触所学的语言、拥有良好的语言技能等。

由此，可以得到一个启示，教师应该在教学过程中创设各种情境，以任务为驱动，通过学生与相关学习任务的互动，实现学生知识的建构和能力的培养。完整的教学涉及教师、学生、内容和教学进程四个基本元素，教师元素通过内容和教学进程元素作用于学生元素。因此，情境建构的基础必须涉及教学进程设计和教学内容组织两个元素，即教学活动安排和学生知识体系构建。

1. 单元教学设计

单元教学设计是指构成某个单元教学活动的基本教学活动的抽象。它独立于具体单元教学内容和对象，能够与其他单元教学设计组合，形成更高层次的单元教学设计应用模式。单元教学模式的样例有课前热身活动、视频展示、单元主题挖掘、课文理解与讨论、测试、答疑，等等。

2. 复合知识

复合知识是指学习者从事外语学习时使用的，除目标语语言知识之外的全部知识。这些知识包括母语知识在内非目标语语言知识、目标语国家的文化知识和世界知识，以及与学生学习、生活、学科专业等相关领域知识所构成的百科知识。某一领域的复合知识可以与其他领域的复合知识组合，形成范围更大的复合知识集合。

3. 策略知识

策略知识是指学习者在外语学习过程中，为了使语言学习更加成功、更加自主、更加愉快所采用的技巧、方法或行动等方面的知识。

4. 程序性知识

程序性知识是指有关"如何做的知识"。例如，对某个知识域中的知识应用的规律和经验的描述等，可用于相似问题的理解、学习和处理。这种知识，一方面，可以通过观察实际的交际活动而获得；另一方面，可以通过具体而真实的交际活动而获得某种意识和"感觉"。

5. 模式构建

模式构建是指多个应用模式按一定规律组合的过程。模式构建可以形成更多新的复合模式。反映到知识体系的构建，模式构建是指多个知识应用模式按照知识应用规律组合的过程。通过模式构建可以形成某个知识域的完整知识学习。模式构建支持知识应用模式的强化和弱化。因此，基本知识、复合知识和模式知识，以及相关的学习方式可以映射到认知结构，模式构建可以映射到学习活动。反映到外语教学活动的构建，模式构建是指课本多个单元教学应用模式，按一定规律组合，形成完整的某次教学设计。单元教学活动设计，应该适当考虑教学对象、教学内容、教学进程、教学环境，支持多个单元教学应用模式的并发和单元教学应用模式的强化。

（三）大学英语多元互动教学模式操作程序模型

在教学实践中，多元互动大学英语教学模式的操作程序，主要由四个步骤组成，即任务设计、环境创设、多元互动和评价反馈。需要说明的是，模式中的教学步骤不是一成不变的。

第一，教师作为教学设计的主体，根据具体教学目标，在分析学生和教学资源的基础上，进行 SLS（即学习、生活、学科）任务设计，并促进、协调、参与学生的知识建构；学生作为知识建构的主体，对完成任务的步骤、时间、空间做出计划，并选择合适的教学资源和学习方法。

第二，学生在课堂、课外活动场所以及网络虚拟空间等三维环境中，与教师、其他学生以及学习资源之间进行交互活动。老师则根据活动的实际情况，对设计做出必要的修正或调整。

第三，学生围绕教师的教学设计、教学要求和教学任务，以英语为工具，通过个人努力或小组合作，在"做中学、探中学、例中学、评中学"中完成意义建构，并将获得的语言知识外化为具体的学习成果（如口语、写作、翻译等产出性能力、学习作品等）。

第四，教师、学生和其他学习伙伴，对上述学习成果、所完成的任务进行及时的评价，并反馈于前述环节，以改进教与学，准备新一轮的教学过程。

二、多元互动大学英语教学模式的主要类型

与传统外语教学中的互动观不同，多元互动教学模式不再局限于师生之间单向或者双向的互动，而是延伸到教师之间、师生之间、学生与学生之间，以及学生与学习材料之间的多向复合式互动，包括"显性互动"和"隐性互动"。所谓"显性互动"，是容易看到或察觉到的表层互动，即师生互动、生生互动、生机（网络）互动、教师互动。而"隐性互动"，则是比较隐蔽的、外人很难看到的深层互动。例如：基于信息技术而实现的与教学内容、教学情境和教学活动之间的互动，教师提供的导学计划设计与学生学习需要之间的互动，多种教学手段优势互补整合互动，学习者本人过往经验互动，相关知识相互补充互动，学校教育与社会实践结合互动。显然，隐性互动和显性互动之间存在着相互联系。"隐性互动通过显性互动表现出来，它是显性互动形式上的进一步拓展和内涵上的进一步深化；同时，隐性互动的实现促成真正有效的显性互动。正如人的动机激发人的行为一样，隐性互动是显性互动的内在驱动力，它们共同构成互动教学的完整内涵。显性互动相对容易营造和调动，而隐性互动则涉及教师和学生双方的内心活动。"

（一）师生课堂互动

对多数刚入学的大学新生而言，其思维方式、学习策略（如时间安排、学习习惯等）等尚未发生转变，尚未具备"教学要求"所提出的自主学习能力，不能充分利用大学英语的学习资源和环境。因此，需要教师的积极介入，在情感方面进行疏导，填补元认知学习策略。所以，在第一课堂，教师应充分利用计算机网络、各种教学软件和音频、视频资料，立体地呈现教学内容。同时，根据学生的信息反馈，结合学生的认知、情感，设计适合其生理、心理特点的各种外语活动。

该模式"以教师为主导、以学生为中心"，课堂活动基本上围绕着学生进行。例如，给学生提供相关信息，帮助学生理解和解决问题。教学通常以教师讲解—学生聆听—教师提问—学生回答—教师评定—学生聆听—教师纠错—学生操练等步骤进行。在教学的所有环节中，师生之间的互动遵循"刺激—反应"原理，教师首先给予学生外部刺激，随后，学生的行为相应地发生改变。就是在这样不断的刺激、反应、强化、操练的过程中，学生逐步掌握知识点。此外，课堂行动还包括错误处理、教师提问、学习者参与、以完成任务为目的的双人互动及小组活动等。

（二）生生"社区"互动

生生"社区"互动，是师生课堂互动的一个自然延伸和补充，营造语言学习氛围，扩大外语学习的时空范畴，强化在真实交际环境中应用语言这一重要环节，让学生在体验中学习，在学习中体验。

生生"社区"互动教学模式的实施环境，是寝室、第二课堂（英语角、自主学习体验中心等）和第三课堂（社会实践）。教学模式主要围绕精心设计的合作学习任务或者真实任务展开。一方面，课堂上学到的内容和方法，应该在课外得到进一步的练习和巩固。另一方面，通过大量的语言实践，包括听、说、读、写、译等系列活动，帮助学习者形成问题意识或主人翁责任感，并以此驱动学习者实现学习目标，全面提高语言实践能力。

生生"社区"互动的形式多种多样，可以是两人或多人间的直接互动，也可以是借助同步、异步通信工具所进行的互动学习。双人互动是一对一的交流、合作过程，是一种缩小化的小组形式。与小组活动相比，其最大的特点就是形成一种不容推卸责任的合作共同体。学生在双人互动的学习中，时刻承担着其中一个必不可少的角色，少了其中的一方，交流就无法进行。小组互动一般是由三到五个英语程度各异的学生组成一个单位，为共同完成一项学习任务而采用的合作、互动形式。生生"社区"互动有利于交流、协作学习、凝聚集体智慧，适用于主题、问题研讨等。

（三）生机多元互动

伴随着信息化教育技术的发展，计算机从辅助角色逐渐转变成主导角色。生机互动模式中，计算机扮演多种角色，既可作为教师，也可作为学伴，使外语教学真正做到虚拟化、个性化、合作化和自主化。学习者利用海量的网络资源进行学习，并与信息资源环境教学内容和教学媒体进行互动，这种方式可以极大地满足个性化和自主性的学习需求。

生机多元互动以多媒体语言实验室、网络教室、基于校园网的学习平台、校园网络论坛等为信道载体。该模式能提供视频工具、知识建模具、形成性评估支持工具和信息收集等认知工具，帮助学习者完成问题求解任务。它延伸了学生外语学习的空间，为学生提供了个性化学习的良好环境，使学习资源更加丰富。在教师精心设计的导学计划帮助下，学生的学习既是自主性学习，也是交互性学习，学生的学习潜质可以得到前所未有的发挥。

（四）教师多元互动

顾名思义，教师多元互动是指教师之间的交流与合作。教学过程所涉及的教师、学生、教学资源与教学媒体四要素之一的关系错落交织，网络环境下任何一个人都不可能把自己孤立起来，教师也不例外。传统教学应用中，有关教学理论的研究属于教育学的研究范畴。而除了毕业于师范类院校的英语教师之外，大部分大学英语教师并不直接接触教育学教学理论，只是上岗前接受一些必要的岗位职业培训，了解一些最基本的教学理论知识。不过，相对于传统的外语教学，信息技术环境下大学英语教学模式实施环境的变化，以及现代信息技术的发展，在实际应用中渐渐拓宽了教学理论的映射，并引起对教学理论发展的关注，以及学科的融合。由于教师主体自身的因素，现代教学理论的发展以及信息技术与学科的融合并不能确保为每一位大学英语教师主体所理解和接受。网上丰富的资源可以消除传统教学应用中因为人的因素而带来的弊端，网上快捷的信息传送可以集中优秀教师的教学方法和艺术，并通过现代信息技术灵活地呈现各种教学形式。正是在这样一种情况下，笔者将教师按课程组织起来，就单元教学设计、教学内容拓展、教学资源遴选、教学评估方式等方面的内容进行研讨。

教师互动通常包括三种形式：一是单元教学设计研讨，二是相互听课学习，三是"在线"专业交流。在单元教学设计研讨过程中，各课程组的教师代表根据组员的建议，就某一单元进行教学设计。之后，把教学设计的样稿发布到指定公共邮箱公示一周，其他教师有针对性地提出修改建议。接着，教师代表结合同行的建议重新修改教学设计，供大家参考。最后，课程组的各位教师针对自己教学班的具体情况，对教学设计样稿进行调整。相互听课是教师互动中的另一个举措。单元教学设计仅仅是一种"纸上谈兵"，在课堂教学实践中，教师组织、实施教学，既需要艺术性，也更具观赏性。所以，笔者要求课程组的成员利用空余时间深入课堂听课，现场观摩、学习同行身上有特色的教学方法，并在下一轮的研讨中与大家分享。但是，由于系部集中时间少，每周只有一次，而且每次集中的时间比较短，难以达到"畅听欲言"的效果。值得庆幸的是现代信息与技术为教师之间的专业交流提供了便捷的途径。所以，同一课程组的教师建立起自己的QQ群或微信群，以便所有成员进行"在线"专业交流。

三、传统课堂教学模式与多元互动教学模式的比较

以教师为中心的、"传递—接受"式的教学模式被称为传统教学模式。该模式强调语言形式的运用和语言知识的准确规范。教学过程中，以教师为主导，给学生传授大量基本语言知识和训练基本语言技能，以达到熟练掌握语音、语法、词汇的目的。与多元互动教学模式相比，传统的教学模式显示出诸多特点与不足之处。

（一）传统课堂教学模式的特点

传统教学模式以"教师中心、教材中心、课堂中心"的"三中心"为理论核心，以传授系统知识、培养基本技能为目标。其着眼点在于充分挖掘人的记忆力、推理能力与间接经验在掌握知识方面的作用，使学生比较快速有效地掌握更多的信息量。传统教学模式具有如下特点：一是组织控制严密，制度规范，便于操作，有利于课堂教学的组织、管理与控制，按预先的设计实施。二是以指定教材中的教学内容为中心，教学目标明确。教学的主要目标是完成语言知识传授。教学的各个环节，每一步骤都为知识传授这一目标服务，都渗透着对教学目标的分步实施，有利于教师主导作用的发挥。三是以教师、教材、课堂为中心，教学省时、高效，保证知

识的系统性和完整性，有利于科学知识的系统传授。四是言传身教，利于对学生的身心教育。具有丰富教学经验、治学严谨的教师，能通过教师的言传身教营造良好的育人氛围，有利于学生的心理素质和道德修养，以及个性品质的完善。

（二）传统课堂教学模式的不足

1. 师生关系不对称

师生关系主要是指教师角色、学生角色定位，以及二者之间的相互作用方式。它是教学模式核心要素的表现形式之一。传统的大学教学模式中，教师的角色是"知识的化身""讲坛上的圣人""不可冒犯的权威"和"独角戏的表演者""学习者的角色是一个被动的接受者""等待被灌输知识的容器"。师生之间的这种关系是一种"权威"—"顺从"的关系，师生之间往往缺少平等的互动。学生的主动性、创造性以及学习潜能，往往不能得到应有的发挥。

2. 教学方法和组织形式单一

我国传统的大学英语教学实践中，基本上采用班级教学组织形式，以讲授式的、填鸭式的教学方法为主。教学过程基本上是"教师讲解和板书—学生聆听和做笔记—课后练习与巩固"三部曲。而其他丰富多彩、卓有成效的教学组织形式和方法鲜见。这种单一化的形式和方法，势必导致学习目标、学习资源、学习时空、学习方式、学习体验，乃至学习评价等方面的狭窄化，学习过程变得枯燥乏味，而且难以应对多样化培养目标和学习者个性化发展的需求，从而弱化教学成效。

3. 学生个性差异被忽视

传统课堂教学实践中，教师决定教学内容、教学方式，学生几乎不参与这些决策过程，基本扮演着听众角色。在语言技能练习活动中，学生也主要是被动地按照教师的指令，对某些语言项目进行操练。由于班级人数比较多，教师的教学设计往往针对中间层次的学生，忽视了优等生与后进生的学习需求，实际教学对象的范围变得狭窄。即使在输出阶段，学生也主要是按照教师的严格要求，说出或者写出与所操练过的语言项目有关的语言形式，没有多少自由发挥的余地。结果是无论对于优生，还是后进生，其个别化辅导几乎微乎其微，制约着学生的整体外语素质的提高，因而无法满足社会对人才的素质要求。

4. 语言技能的分解式教学

传统课堂英语教学往往忽视语境、教学环境对语言学习的影响，把听、说、读、写看成分离式的技能，用机械的方式进行有限的训练。主要表现在学生听说英语的机会少，缺乏系统、完整的听力、口语技能训练，而且课堂上教师讲什么、讲多少的随意性很大。所以，这种语言技能分解式教学在很大程度上限制了学生产出性技能，如英语写作能力、英汉互译能力等的发展，直接影响到学生外语综合运用能力的发展。

（三）多元互动教学模式的特点

1. 教学方式的交融性

信息技术在培养学生外语综合运用能力方面具有很强的操作性，因为它可以较真实地模拟语言环境，使外语教学内容真实化和情境化，充分调动学生听、说、读、写各种技能，加深对语言材料的理解。多元互动教学模式将教学方法、教学手段、教学内容、教学组织形式交织为互动的一体，把比较抽象的教育思想变为具体的操作性策略，促使学生全方位地进行感受、判断、实践，调整自己的学习行为。

2. 师生关系的平等性

教学实践中，教学成败的关键并不在于教师的专业知识和教学技巧，而取决于师生关系、教师对学生的态度。多元互动教学模式倡导建立一种平等的师生互动关系。教师尊重学生的人格和经验，鼓励和培养学生自主探索、互动协作和实践创新的精神，尽量营造宽松、和谐的互动教学情境，让学生根据自己的特殊情况和学习要求，选择不同的学习方式，积极主动地参与整个互动教学过程。

3. 教学形式的多样性

多元互动教学模式促使教学活动的多种要素产生积极互动，它反对千篇一律和传统的灌输式教学，既反对"人灌"，也反对"机灌"，注重学生积极、主动、协作式地获取知识，注重"学会学习"和"终身学习"，挖掘学习者的潜质，促进人的全面发展，使外语学习成为活泼而富有个性的快乐体验过程。在合作、互动的环境中，每个组员为了达成共同的目标，必须将自己的力量贡献给所在的小组。这种相互依赖的关系，使学生渐渐学会彼此尊重，看到其他人身上的优点。个人的努力也容易得到小组其他成员的认可。这样便抵消了传统课堂上那种惯有的焦虑现象，从而使整个学习环境变得宽松而高效。此外，学生不再被动地接受语言输入，不再单纯地为学语言而学习语言，而是用所掌握的语言知识来探讨问题和解决问题。因此，语言学习不再成为一种巨大的压力而成了一种强大的动力，学生学习的自主性因此得到了加强。

4. 互动的层次性

互动教学模式对学生的学习方法、学习过程、媒体的利用不强求一律，而是以教师的导学计划为指向，以任务为驱动，尊重个性化的互动学习，满足不同层次学生的需要。它通过相应的在线学习监控、测评措施，维持教学活动中经常性的联系和多种形式的互动关系，让不同层次的学生都体会到互动学习的快乐。

第三节 大学英语多元互动教学的理论基础

大学英语多元互动教学是为适应目前我国大学英语教学改革的需要，为社会培养21世纪复合型人才，全面提高大学生英语综合应用能力，以科学的教育学理论为依据，从英语教学理论和实践出发所创立的一套较为完整的大学英语教学新方法。其教学目标是不但要摆脱大学英语教学中长期存在的"哑巴英语"现象，更要避免过分强调学生的口语练习，轻视其他语言技能而造成"傻瓜流利"英语，从而使学生的英语听说读写特别是口语能力全面有效提升。同时，增强学生的合作学习精神和自主学习能力，提高他们的综合文化素养，以适应我国经济发展和国际交流的需要。所以，大学英语多元互动教学的目标和教育部所规定的大学英语教学改革目标完全一致。

一、建构主义

（一）建构主义的由来与发展

建构主义（Structuralism）也称结构主义，其最早提出者可追溯至瑞士的心理学家皮亚杰（J. Piaget）。建构主义源于他所创立的关于学生认知发展的日内瓦学派，其论证充满唯物辩证法。他坚持从内因和外因相互作用的观点，来研究学生的认知发展。他认为，学生是在与周围环境相互作用的过程中，逐步建构起关于外部世界的知识，从而使自身认知结构得到发展。学生与环境的相互作用涉及两个基本过程:"同化"与"顺应"。"同化"是指把外部环境中的有关信息吸收进来,并结合到学生已有的认知结构(也称"图式")中,即个体把外界刺激所提供的信息整合到自己原有认知结构内的过程。"顺应"是指外部环境发生变化,而原有认知结构无法同化新环境提供的信息时,所引起的学生认知结构发生重组与改造的过程,即个体的认知结构因外部刺激的影响而发生改变的过程。可见,同化是认知结构数量的扩充(图式扩充),而顺应则是认知结构性质的改变(图式改变)。认知个体(学生)就是通过同化与顺应这两种形式来达到与周围环境的平衡;当学生能用现有图式去同化新信息时,他是处于一种平衡的认知状态;而当现有图式不能同化新信息时,平衡即被破坏,而修改或创造新图式(即顺应)的过程,就是寻找新的平衡的过程。学生的认知结构就是通过同化与顺应过程逐步建构起来,并在"平衡—不平衡—新的平衡"的循环中得到不断的丰富、提高和发展,这就是皮亚杰关于建构主义的基本观点。在皮亚杰的上述理论的基础上,科尔伯格在认知结构的性质与认知结构的发展条件等方面做了进一步的研究;斯滕伯格和卡茨等人则强调了个体的主动性在建构认知结构过程中的关键作用,并对认知过程中如何发挥个体的主动性做了认真的探索;维果斯基创立的"文化历史发展理论"则强调,认知过程中学习者所处社会文化历史背景的作用,在此基础上,以维果斯基为首的维列鲁学派深入地研究了"活动"和"社会交往"在人的高级心理机能发展中的重要作用。所有这些研究都使建构主义理论得到进一步的丰富和完善,为实际应用于教学过程创造了条件。

(二)建构主义学习理论

建构主义本来是源自学生认知发展的理论,由于个体的认知发展与学习过程密切相关,因此,利用建构主义可以比较好地说明人类学习过程的认知规律,即能较好地说明学习如何发生、意义如何建构、概念如何形成,以及理想的学习环境应包含哪些主要因素,等等。在建构主义思想指导下,可以形成一套新的比较有效的认知学习理论,并在此基础上实现较理想的建构主义学习环境。

建构主义学习理论包括以下两个基本内容。

1. 学习的含义

建构主义认为,知识不是通过教师传授得到,而是学习者在一定的情境即社会文化背景下，借助他人（包括教师和学习伙伴）的帮助，利用必要的学习资料，通过意义建构的方式而获得的。因此，建构主义学习理论认为，"情境""协作""会话"和"意义建构"是学习环境中的四大要素或四大属性。

"情境"：学习环境中的情境必须有利于学生对所学内容的意义建构。这就对教学设计提出了新的要求。也就是说，在建构主义学习环境中，教学设计不仅要考虑教学目标分析，还要考虑有利于学生建构意义的情境的创设问题，并把情境创设看作是教学设计的最重要内容之一。"协作"：协作发生在学习过程的始终。协作对学习资料的搜集与分析、假设的提出与验证、学习成果的评价直至意义的最终建构，均有重要作用。"会话"：会话是协作过程中不可缺少的环节。学习小组成员之间必须通过会话商讨如何完成学习任务规定的计划；此外，协作学习过程也是会话过程。在此过程中，每个学习者的思维成果（智慧）为整个学习群体所共享，同时，也借鉴同伴的智慧扩充或重建自己的知识结构。因此，会话是达到意义建构的重要手段之一。"意义建构"：这是整个学习过程的最终目标，是要形成关于事物的性质、规律以及事物之间的内在联系。在学习过程中帮助学生建构意义就是教师利用自己的经验，帮助学生对学习内容所反映的事物的性质、规律，以及该事物与其他事物之间的内在联系达到较深刻的理解。这种理解在大脑中的长期存储形式，就是前面提到的"图式"，也就是关于当前所学内容的认知结构。

由以上所述的"学习"的含义可知，学习的质量取决于学习者建构意义的能力，而并非取决于学习者重现教师思维过程的能力。

2. 学习的方法

建构主义提倡在教师指导下、以学习者为中心的学习，既强调学习者的认知主体位置，又不忽视教师的指导作用。在学习过程中，教师是意义建构的促进者、帮助者，而不是知识的传授者与灌输者；学生作为信息加工的主体，是意义的主动建构者，而不是外部刺激的被动接受者和被灌输的对象。

学生如何才能成为意义的主动建构者，这就要求学生在学习过程中从以下几个方面发挥主体作用：首先，要用发现法和探索法去建构知识的意义。其次，在建构意义的过程中，学生应该主动去搜集并分析有关的信息和资料，对所学习的问题提出各种假设并加以验证，否则，学生的主体地位无法体现。最后，注意新旧知识之间的联系，"新"即当前学习内容，"旧"指的是学生已经知道的事物，并对这种联系加以认真的思考。"联系"与"思考"环节是意义构建的关键，如果能把联系与思考的过程与协作学习中的交流与讨论结合起来，则学生建构意义的效率会更高、质量也更好。

同样，教师要成为学生建构意义的帮助者，就要求教师从以下几个方面发挥指导作用：首先，激发学生的学习兴趣，刺激学生形成学习动机，这是学习过程中必须首先解决的问题。其次，通过创设教学情境，提示新旧知识之间联系的线索，帮助学生建构当前所学知识的意义。最后，为了使意义建构更有效，教师应进一步发挥指导作用，在可能的条件下组织协作学习，开展讨论与交流，并对协作学习过程进行引导，使学生朝有利于意义建构的方向发展。比如，教师可以提出合适的问题，让学生思考和讨论；或者在讨论中，设法把问题一步步引向更加深入的层面，以加深学生对所学内容的理解；启发诱导学生自己发现规律，自己去纠正、补充错误的或片面的认识，完成意义的重新建构。

（三）建构主义的教学模式与教学方法

以学生认知发展水平为基础的建构主义，不仅形成了全新的学习理论，也正在形成全新的教学理论。这种学习理论强调以学生为中心，在要求学生由外部刺激的被动接受者和知识的灌输对象，转变为信息加工的主体、知识意义的主动建构者的同时，还要求教师也要由知识的传授者、灌输者转变为学生主动建构意义的帮助者、促进者。而传统的教学模式正好相反，教师始终是课堂的主宰者，学生被动地接受"填鸭式"教育。这就意味着教师应当在教学过程中采用全新的教学模式，彻底改变以教师为中心的授课现状，强调引导过程，呈现出全新的教学方法和全新的教学设计理念。

二、合作学习

（一）合作学习的历史溯源

思想溯源：两千多年前，我国就产生了合作学习的思想。《诗经·卫风》中指出"有匪君子，如切如磋，如琢如磨"；教育名著《学记》中也提出"相观而善谓之摩""独学而无友，则孤陋而寡闻"；许多私塾都采取"高业弟子转相传授"的办法教学；书院更是盛行"切磋"之风；20世纪 30 年代，著名教育家陶行知先生大力倡导"小先生制"。这些提法、行为都体现了合作最基本的理念——互相帮助，共同发展。

在西方，亚里士多德、柏拉图、奥勒留、托马斯·阿奎那等人都曾在著作里论述过合作学习的思想。亚里士多德认为，营造一种合作式的宽松的学校气氛，能激发人求知的本性，有利于人潜能的发挥。公元 1 世纪，古罗马昆体良学派就指出，学生们可以从互教中获益，他始终强调一个观点"大家一起学习，可以互相激励，促进学习"。文艺复兴时期，捷克的教育家夸美纽斯也在其著作中明确提出，学生不仅可以从教师的教学中获得知识，还可以通过别的学生获取知识。启蒙时期，法国的卢梭、英国的洛克、美国的杰弗逊和本杰明·富兰克林，都曾指出过合作的思想。

实践溯源：除了在个别教学中，小范围实践合作学习的理念之外，18 世纪，约瑟夫·兰开斯特和安德鲁·贝尔开始在英国广泛使用合作性学习小组。19 世纪初，合作学习的方式传入美国，并不断发展。教育家帕克和杜威都做出了重要贡献。帕克认为，学校是最适宜实现民主并让学生共同学习和共同生活的地方，他的"昆西教育改革"取得了巨大的成功。杜威则把合作学习作为"从做中学"教学方法的组成部分。

而我们现在通常普遍谈论的，其实是指 20 世纪六七十年代在美国重新兴起且至今都盛行不衰的合作学习。它的"重新兴起绝非偶然，它既反映了自 1957 年苏联成功发射人造卫星后，美国朝野要求大幅度提高教育质量的呼声，也是对传统教学形式的反思和对传统评分制的批判"。而它一旦兴起，就迅速发展，现在，"合作学习已广泛地应用于美国、以色列、新西兰、瑞典、加拿大、澳大利亚、荷兰、英国、德国等国的大学教学"。

（二）合作学习的基本内涵

国外对合作学习进行了较为深入的研究。但是，在不同的国家，合作学习的研究角度、实践方式、学习模式，甚至表述称谓，都相差甚远。美国约翰霍普金斯大学斯莱文教授认为，"合作学习是一种课堂教学技术，使学生在小组中从事学习活动，并根据他们整个小组的成绩获取奖励或认可的课堂教学技术"。美国明尼苏达大学合作学习中心的约翰逊兄弟认为，"合作学习就是以小组的形式进行教学，学生共同活动，以最大限度地促进他们自己，以及他人的学习"。以色列特拉维夫大学沙伦博士对合作学习进行了这样的界定，"合作学习是组织和促进课堂教学的一系列方法的总称,学生之间在学习过程中的合作,则是所有这些方法的基本特征"。英国著名学者赖斯认为,"合作学习是一种特殊的学习环境,在这个环境中学员共同学习,最终完成学习目标"。我国教育学者王坦认为:"合作学习是一种旨在促进学生在异质小组中互助合作,达成共同的学习目标,并以小组的总体成绩为奖励依据的教学策略体系。"

尽管存在种种不同,但是不难看出,合作学习是以生生互动合作为教学活动的主要取向的,学生之间的互动合作是其共同特征。当然,还存在以师生互动、教师间互动及完全互动为特征的合作学习。

三、交际教学法

(一) 交际教学法的概念和特点

交际教学法认为:语言是一种社会交往工具。因此,主张以具体的交际场景来安排教学内容,如医院、银行、机场、药店等场景,并结合学生将来的工作性质,来安排教学的侧重点,增加教学内容的实用性、针对性和趣味性。

交际教学法是一种以语言功能项目为目标,着重培养学生交际能力的教学方法。它的目的是提高语言学习者的交际能力,使语言学习中的四项技能听、说、读、写得到进一步发展。交际教学法是一种训练学生语言运用能力的有效方法。因此,在 20 世纪 80 年代初,我国著名学者胡文仲等人把交际教学法介绍到了中国,之后交际教学法便在中国外语教学领域占据了重要的地位。根据新《大学英语课程教学要求》,大学英语教学的目的是培养学生的英语综合应用能力,特别是听说能力,使学生能用英语有效地进行口头和书面的信息交流。交际教学法正是适应新《大学英语课程教学要求》的有效方法,特别对促进大学英语口语教学水平,提高学生的口语运用能力起到了积极作用。

首先,师生关系。因为受到应试教育的影响,传统的英语教学以传授语言知识为主,而忽视对学生英语口语的锻炼,在课堂中主要以教师讲授为主,而学生只是被动的听课者,所以造成了学生听说技能差的现状。相反,交际教学法强调的是学生口语表达能力的提高。因此,在教学过程中,交际教学法思想符合我国英语教学的现状。作为一名教师,必须从知识传授者转化为课堂组织者、引导者;而作为学生,必须从被动学习者转变成一个积极参与者，成为教学活动的中心、教学信息的反馈者。实际上，交际教学法口语教学的实施过程，是教师和学生、学生和学生之间的相互依赖、相互帮助、相互促进的过程。

其次，是语言的准确性与流利性的关系。传统的教学相对交际教学法来讲，更加侧重语言的准确性。教学过程中，教师严密监控学生的语言准确性，遇到学生口语上的错误会马上纠正。长期如此，会导致学生有所顾虑，在说话之前会先考虑好自己要讲的内容，然后表达出来，而不是所谓的脱口而出，自由地交谈。因此，过分强调语言的准确性，将会妨碍语言的自然使用。只有完整地使用语言来完成互相之间的交流，才算是真正的交际。所以，交际教学法在大学英语口语教学中，要处理好学生语言的准确性和流利性之间的关系。要做到在确保学生语言的流利性的基础上，通过一定的语言知识的学习，达到学生使用语言的准确性。

最后，处理好学得与习得的关系。美国语言学家克拉申认为：语言能力的发展有两种明显的途径，即学得和习得。所谓学得，是指有意识地去获得语言知识，了解和认识语法和语言规则，能够谈论这些规则。所谓习得，是在自然的方式下，通过对语言的理解和语言的使用，自然获得语言的能力。大学英语口语教学有别于其他如语法和阅读等的教学，学生可以通过学得掌握一些语言知识，但是，并不表示学生能够流利地把语言知识用口语表达出来。口语的提高更重要的还是要依赖一定的语言环境，并在语言环境中进行长期的演练。例如，通过课堂上师生之间的互动交流或者课外通过参加英语角等活动，让学生获得更多一点的语言输入，鼓励学生在潜意识上对语言的习得。

（二）开展交际教学法的方法

如何才能帮助学生在日常教学中，习得语言知识和语言能力呢？以下是交际教学法在口语教学中的三种典型活动。

1. 扮演角色

扮演角色，一方面，可以给学生带来丰富的经验，可以把学过的单词、句型、表达方式在各种不同的情境中使用，另一方面，可以培养学生的语言交际能力。除此之外，也给学生提供了一个实战演习的机会，给那些不善于表达的同学提供了说话的机会。这样，学生可以在教师的指导下，参与到师生互动中，并充分理解大学英语课程中的内容，发挥自己的想象力，把死板枯燥的课文用灵活的方式演绎出来，逐步做到学以致用。

2. 模拟活动

有学者提出模拟活动有三大要素：首先，是职责的现实性。即参加者必须在思想上接受模拟活动所要求的职责，并且尽自己最大的努力按照模拟角色去履行自己的职责；其次，是要有模拟的环境；最后，还要有结构。结构必须围绕问题而建立，必须保证职责的现实性。教师在模拟活动中要给学生提供模拟活动的主题。同时，要指导学生在整个活动中的操作过程，最后，要对学生的表现做一个全面的分析和评估。

3. 小组讨论

小组讨论就是几个学生围绕某个话题或某种情况，通过外语口语方式交换看法或开展辩论。目前，很多大学英语教材都设计了口语讨论这个环节，教师可以根据话题的可操作性，选择性地要求学生进行讨论，还可以组织课外兴趣小组，安排学生讨论他们感兴趣的话题，或者安排辩论进行口语教学。教师在小组讨论前，要先让学生明白讨论的任务和具体步骤，并适当地给以启发，同时，可以控制课堂上学生讨论的情况，不至于让学生无话可讲或偏离话题。

交际法是一种非常有效的英语教学方法，尽管在中国的运用中还存在一些问题，但是，随着教学条件的发展，笔者相信这种方法能广泛地进入我们的课堂，特别是大学英语教学的课堂，成为一种除提高学生口语能力之外的其他英语技能的有效教学方法。

四、人本主义学习理论

（一）人本主义学习理论的内容

人本主义学习理论认为，学习是人固有能量的自我实现过程，主要代表人物是马斯洛和罗杰斯等。马斯洛认为，每个个体生来就具有天性，这种天性由经验、无意识思想与情感所塑造，但它不是由这些因素决定的，个体控制着他自己的大多数行为。罗杰斯提出，教育要以学习者为中心，在学习上要给他们以自己选择方式的机会。康布斯强调，教学的基本目的就是帮助每个学生发展一种积极的自我概念。人本主义强调学习形成自我；学习促进自我实现；学习是通向健康生活的钥匙，学习对于自我的发展具有极为重要的作用。人本主义学习理论还强调人类学习过程中的一些非智力因素，例如动机、情感、人际关系等对学习的影响作用，比较符合实际，有较强的指导意义。

（二）人本主义学习理论的特征

首先，"以学生为中心"的教学观。人本主义的教学观是建立在其学习观的基础之上的。罗杰斯从人本主义的学习观出发，认为凡是可以教给别人的知识，相对来说都是无用的；能够影响个体行为的知识，只能是他自己发现并加以同化的知识。教师的任务不是教学生学习知识，也不是教学生如何学习，而是为学生提供各种学习的资源，提供一种促进学习的气氛，让学生自己决定如何学习。为此，罗杰斯对传统教育进行了猛烈的批判。他认为在传统教育中，"教师是知识的拥有者，而学生只是被动的接受者；教师可以通过讲演、考试甚至嘲弄等方式来支配学生的学习，而学生无所适从；教师是权力的拥有者，而学生只是服从者"。因此，罗杰斯主张用"学习的促进者（facilitator）"来代替"教师（teacher）"这一角色。

其次，强调心理气氛因素在学习中的作用。罗杰斯认为，促进学习的心理气氛因素包括以下几点：一是真实或真诚。教学过程中，学习的促进者表现真我，没有任何矫饰、虚伪和防御，防止产生距离感；二是移情性理解。学习的促进者能清楚地了解学习者的内在反应，了解学生的学习过程；三是尊重、关注和接纳。学习的促进者尊重学习者的情感和意见，关心学习者的学习和情感各方面，接纳学习者个体的价值观念和情感表现。在这样的心理气氛下进行的学习，促进者和学生共同营造愉快、理解、上进的学习气氛，彼此之间达到共识、共享、共进的目的。

五、多元智能理论

1983年，美国哈佛大学教育心理学教授霍华德·加德纳首次在《智力的结构》一书中，提出并论述了他的多元智能理论，并认为支撑多元理论的是个体身上相对独立存在着的、与特定的认知领域或知识范畴相联系的八种智力，这为多元智能理论奠定了理论基础。加德纳认为，智能是人在特定情境中解决问题并有所创造的能力。他认为，我们每个人都拥有八种主要智能：语言智能、逻辑—数理智能、空间智能、运动智能、音乐智能、人际交往智能、内省智能、自然观察智能。后来，他又补充了第九种智能，即存在智能。

根据多元智能理论，他进一步提出了"智能本位评价"的理念，扩展了学生学习评估的基础；他主张"情境化"评估，改正了以前教育评估的功能和方法。加德纳的多元智能理论是对传统的"一元智能"观的强有力挑战，给人以耳目一新之感。尤其是当前在新课程改革中，大部分教师对学生评价颇感困惑之时，他的理论无疑会给我们诸多启示。另外，多元智能理论对于我们树立积极乐观的学生观、"对症下药"的教学观，以及丰富多样的教育评价观，促进我国的教育改革和学生素质的提高，有非常重要的意义。

六、大学英语多元互动模式的构建

大学英语多元互动模式是通过选择教学过程中的一些主要因素，并用一定的教学活动将它们组织起来，达到互动效果，从而构建了一套符合教育学原理的、有操作可能性的、并有研究意义的较为完整的大学英语多元互动教学模式。其旨在刺激学生的学习兴趣，以听说技能的训练为突破口，全面提高学生英语综合技能。大学英语多元互动教学模式由三维互动因素组成，其中包括：

（一）课堂内多种因素的互动

在我国，传统的大学英语课堂一般按照单词短语讲解—课文翻译—课后习题处理这样的"三部曲"流程组织教学，教师的备课中会有大量的词汇讲解、词汇扩展、例句等，一般会从头讲到尾，学生几乎没有参与课堂的机会，只能做大量笔记。所以，英语课堂也像理论授课一样，沉闷无趣，久而久之，学生对大学英语课堂失去了兴趣。

针对这一弊病，大学英语多元互动教学模式提倡一种全新的教学模式，即口语展示—主题导入—重点单词讲解及练习—课文重点难点解析—小组讨论—布置口语作业这样的流程，授课使用多媒体教室，教师通过 PPT 演示讲解教学内容，PPT 中配有丰富的音频和视频资料，加上课本，就可以全方位、更立体地展示教学内容，从视觉和听觉上引起学生的注意。在授课过程中，教师选择不同的话题，让学生展开互动，使大学英语课堂摆脱教师讲、学生记的简单模式，让学生完全投入到课堂上来，真正做到"以学生为中心"。

在本流程的教学实践中，可以实现课堂中教学因素的多向有效互动，包括师生互动（其中，又有师人互动、师组互动、师班互动等）、生生互动、人本互动（人主要指学生，本指所有的书面学习资料）、人机互动（机指多媒体设备）。此教学流程的特点是课堂内的多因素互动，以训练英语听说技能为突破口，调动学生积极性，进一步投入课堂。

（二）课堂教学与课外学习的互动

课堂教学是学校教育的精华，但大学课堂教学的特点是浓缩性强，知识量大、控股训练的时间短，这就决定了课堂教学不是学生学习的全部，而只占到学生学习时间的一小部分。如何帮助学生把充足的课外学习时间利用起来，及时巩固课堂教学，是提高学生学习效率的一个问题。大学英语多元互动教学模式以完成口语作业为纽带，把学生的课堂学习与课后学习有效连接起来，达到互动，实现教学时间的有效延长，锻炼学习者的自主学习能力。

具体做法：每次上课的前十五分钟，由教师随机安排三五名学生进行口语展示，口语展示的内容在上课前准备好，其主体要与当时学习的每个单元教学主题相关，学生展示完以后，教师当场评价打分，并提前告知学生口语考察的分数将会计入平时表现中，是期末成绩的一部分。

这个互动因素的设置，使学生不得不将自己的英语学习时间延长，学生会逐渐形成课后学习的好习惯，这样不但巩固了课堂教学，同时培养了学生良好的学习方法。

（三）专业知识与英语知识的互动

学生对于大学英语学习缺乏兴趣，有一部分原因是感觉英语和自己的专业学习毫无关联，将来根本用不上，所以对英语学习没有动力。从这个角度出发，大学英语多元互动教学模式提倡将专业学习与英语学习相结合，在日常教学中增加与学生专业相关的英语学习资料，即专业英语的教学。比如对于学前教育专业的学生，教师应多补充教育和幼儿教育方向的学习内容，让学生在专业背景知识的支撑下，学好英语这门工具语言，这样不但巩固了专业所学，也能有效提高英语学习效果。

这种维度的互动增强了公共课与专业课之间的联系，也拉近了学生和英语课堂的距离，使英语与专业有效结合，必将会有效地提高英语这门课的教学效率。

第四节 大学英语多元互动教学模式的实施程序

当前,一些高校的大学英语教学模式不适应大学人才培养的基本要求,出现了一系列弊端。因此,大学英语教学必须破除以讲授为主线,培养知识型人才为取向的传统教学模式,走出一条以培养学生英语应用能力和高素质为目标的新路。建构大学英语互动教学模式,加强师生间、生生间的互动合作,使学生在轻松愉快的学习情境中,获取知识,提高能力,并培养其积极的情感态度,实现其全面可持续发展,为培养社会需要的具有英语应用能力的高素质技术应用型人才做贡献。

一、大学英语互动教学模式的操作程序

每一种教学模式都有其特定的操作程序或逻辑步骤,它明确了在教学活动中,师生先做什么,后做什么,以及在各个步骤应完成的任务。大学英语互动教学模式力求打破以讲授为主的传统教学模式,适应大学生的特点,突出互动,使学生在丰富多彩、形式多样的互动活动中,获得英语语言知识和应用能力,培养合作交往能力和积极的情感态度,构建创境明的—自主学习—合作学习—点评归纳—课外拓展的教学程序。

(一)创境明的

传统教学模式中,为了充分利用课堂时间,教师往往开堂就讲,而大学生英语水平整体较差,学习积极性和主动性不强,为了使学生在进入英语课学习之前,保持一个积极兴奋的状态,那么,如何在进入新课前更好地激发学生的学习兴趣,就显得尤为重要。因此,大学英语互动教学模式应首先根据对教学目标和教学内容的整体把握,营造语境,以旧引新。可以通过提问设疑、自由讨论、角色表演、图像展示等创设交往互动和问题求知情境,营造英语氛围,激发学生的学习兴趣,使其尽快进入角色,全身心地投入语言实践和思维活动中去。然后通过所创设的与当堂课相关的语言情境导出新课内容,并明确学习目标,让学生明确本节课应掌握什么内容和应达到什么标准。

该环节主要是师生间的互动,实际上,是在引导学生的思维,促使学生产生期望、进取、达成目标的心理倾向,调动他们参与教学互动的积极性和主动性,让学生带着学习动机进入下一步的学习。

(二)自主学习

传统的教学模式中,学生只有静静听讲的权利,而没有思考的自由,缺乏学习主动性。古人云:"授人以鱼,不如授人以渔。"教师应该注重培养学生自主能动地进行学习的意识和能力,教给学生语言学习的规律和方法,要善于启发学生思考,帮学生培养未来独立学习所需的技巧和能力。互动教学模式把这视为必要环节,留给学生独立思考、自主能动学习的时间,允许学生根据自己的能力水平、个性特点,自主地、能动地、自由地、有目的地进行独立思考,自主尝试解决问题,突出个性化学习,真正确立学生的主体地位。

这个环节主要是学生与英文文本信息之间的互动,使学生通过独立思考,自主能动学习,将新知识与旧知识、纵向与横向知识,以及此类与彼类知识相互联系,造成认知冲突,形成独到的见解,培养他们独立思考能力和自主学习能力,提高其学习主动性,并为下一步的合作学习奠定良好的基础。但要防止学生缺乏个人观点,相互间的合作交流没有深度,流于形式。

(三)合作学习

传统的教学模式是填鸭式教学,以教师教为主,而互动教学模式更注重师生、生生间的交流互动。合作学习这一环节是在学生自主学习、初步感知的基础上,开始合作互动。首先进行小组研讨,教师要根据学生的基础和自学情况,确定适合学生知识水平的讨论主题和要完成的任务,明确要求。通过启发、引导和激励,让学生围绕中心议题,发挥想象力和创造力,尽情地发表和交换各自的观点,相互启发、检查交流、吸收完善,发扬团队精神,通力合作,力求出色地解决问题、完成任务。

小组研讨之后,是展示小组成果、组间交流的阶段。教师要采用各种激励措施,鼓励学生充分展示他们自主学习和小组合作中知识建构的成果,发展他们思维的深刻性与广阔性、灵活性与创造性。通过集中交流共同解决问题,积极主动地获取知识,这远比教师直接灌输要好得多,因为它能让学生充分体验成功的愉悦,保持旺盛的学习热情,激发内在的潜能。

此环节主要是生生间的互动,不仅使每一位学生都可以在课堂上大胆地、尽情地交换各自的看法,提高他们的自学能力和思维能力;而且在不知不觉中,学生们的语言知识得以建构,语言应用能力得以提高,更重要的是,培养了学生团结、合作的精神,增强了自信。

（四）点评归纳

传统的教学模式,一般都是教师独自对整堂课进行点评归纳。而本模式引导学生参与这一过程,充分发挥学生的主体作用。在组间交流后,按一定的标准,通过学生自评、师生互评等手段,来对学生的学习成果进行全面、宏观、准确的评价。评价的过程其实就是对整节课反思的过程,在此基础上引导学生将各组的观点、答案进行整理、分析、归纳和概括,由此形成共识。总结时,按照本堂课教学目标,首先由教师引导学生总结,然后教师再单独进行补充归纳,总结知识和学法,使学生将所学知识主动纳入自己的认知结构中。

此环节主要是师生、生生互动,能促使学生积极地思考,激发学生参与的兴趣,通过对当堂课所接触的新语言的反思、评价、归纳、总结,达到巩固强化和查漏补缺的目的。

（五）延伸拓展

传统教学模式一般都围绕课本进行教学,不但讲的是课本知识,作业也基本都是有统一答案的课后练习,不能激发学生的学习兴趣,也不能开拓学生的视野和思维。而在大学英语互动教学模式中,互动教学还可以延伸到课本知识和课堂教学之外。延伸拓展环节,是使学生对已知知识进行拓展和升华,对未知信息进行收集和探索的过程。

在总结完本课所学知识后,如果课上还有时间,可以根据当堂课所接触的语言项目和应完成的语言功能,设计相关的拓展任务。例如组织学生分组讨论或辩论与本课相关的拓展性问题,或进行拓展性练习的群测和自测等,以使学生进一步巩固知识,举一反三,并激活学生的想象力和创造力,发展他们的实际应用能力。

由于课堂互动会受到教学时间和空间的限制,还可以将其延伸到课外。课外活动是丰富学生精神生活、扩大视野、拓展创新、陶冶情操的有效阵地,课堂互动必须同课外互动结合起来。学生在许多课外活动中,可以不受教材范围、活动时间和教师倾向的束缚,独立地、自主地发展。与传统教学模式布置作业不同,大学英语互动教学模式的课外活动也要充分地体现互动,讲究内容的丰富新颖、形式的灵活多样以及教师的指导得当。

此环节主要是生生互动和学生与英文文本之间的互动,可以大大拓展互动的时间和空间,促使学生获取知识,拓展能力,培养学习积极性和主动性。要说明的一点是,此操作程序的各个环节之间具有逻辑性,但并不是一成不变的。可以根据这一总的思路,在不同课型的应用中做适当调整,使其更有效地为大学英语教学服务。

二、大学英语互动教学模式的师生角色

理想的师生角色是教学模式成功的内在要求和必然要素。大学英语互动教学模式与传统教学模式有很大差别,其师生角色也必然发生很大变化。

(一)教师角色

传统教学模式中,一般是教师主导学生,教师是知识法定的传授者和解释者,是课堂的独白者和表演者,是无创意的知识搬运工。但大学英语互动教学模式强调教学过程中的交流互动,这种方式要求作为互动主体的一方——教师对原本固有的角色重新认识,重新定位,以多重角色身份出现在教学中。

1. 引导者

有效的教学是善于引导学生从不同的角度思考、探讨,大胆地表达自己的观点,积极参与教学互动,从而主动构建和发展认知结构,使学生学会如何学习,不仅要为当前的学习,而且要为今后的终身学习和终身发展奠定良好的基础。

2. 组织者

教学活动能否顺利有效地进行,在很大程度上取决于教师良好的组织能力。组织什么活动,设计什么内容,运用什么方式,何时开始,何时结束,要达到什么教学目标等,这些都要求教师精心策划和组织。组织不力,教学效果就无从谈起。

3. 促进者

教师应该成为教学活动的促进者,促进学生主动学习和参与互动,帮助学生减少学习过程中所遇到的障碍,为学生创造各种实际应用语言的机会。

4. 参与者

教师可以平等参与到学生的互动活动中,成为他们的一员,参与讨论,

发现问题，给予建议，担任角色等，这样不仅可以了解学生的互动情况，还可以拉近师生间的距离。

（二）学生角色

传统教学模式中，学生一直处于"受教育"和"被塑造"的被动地位。师生之间仅仅是简单的主客体关系，教学中学生不能发挥自身主观能动性，教学失去了对人生命存在和发展的整体关怀。学生成为盛装知识的容器，而不是鲜活的生命主体。而互动情境下的师生关系，是一种"人与人"的关系，即一种民主、平等、包容和共享的互动关系，作为互动主体的另一方——学生，也应该转换角色，由被动转为主动，由客体变为平等参与的主体，由单一接受知识的"容器"成为自身各方面素质的提升者。

1. 知识的主动建构者

根据建构主义理论，学习是一个积极主动的建构过程，是学习者利用必要的学习资源，在一定的社会文化背景下，在与他人的交际过程中产生社会互动的结果。所以，在大学英语互动教学模式中，学生要通过主动思考、交流、应用、反思、归纳等，依据自身已有的知识和经验主动地加以建构。

2. 活动的平等参与者

学生应发挥自己的主观能动性，使自己在一种渴望和迫切要求之下积极参与各种教学活动，平等地与老师、与同伴进行合作与交流。学生不仅要参与知识性活动，还要参与评价、归纳等在传统观念中被认为是体现教师权威的活动。

3. 素质的自我提升者

学生不应该只是死读书，读死书，与社会脱节，而应该是一个具有全面发展需要的人。应通过积极参与各种教学互动，努力从知识、能力、情感各个方面不断提升完善自己，学会学习，学会做事，学会做人，把自己培养成为适应社会发展需要的高素质技术应用型人才。

师生之间的互动关系，是以交往双方作为主体做基础的，强调师生都应该关注对方、接纳对方，充分发挥各自的主动性，共同完成教学任务。要做到这一点，对教师的自身素质提出了更高的要求。教师应当更新观念，以学生为本，理解、尊重、关爱学生，努力促进学生的全面发展；要不断学习，只有具备广博的知识，才能够在互动中游刃有余，有效地组织教学；要努力修炼自我，用人格魅力影响学生、征服学生。

三、大学英语互动教学模式的实施策略

教学模式的实施策略,是为了实现教学目标,根据一定的教学思想,在教学过程中所采用的教学方式、方法、措施的总和。在达成教学目标的过程中,总是会有许多因素需要考虑。例如,学生特性的问题,课堂情境的问题,等等。因此,教学实施策略的基本作用就在于,教师试图设计最好的方法以达成预期的目标。大学英语互动教学模式的教学策略必须考虑大学英语教学的特点,以理论基础做指导,在前面所构建的教学目标、操作程序的基础上进行创设。

（一）情境创设的策略

1. 创设情境

由于大学学生英语基础普遍较差,缺乏英语学习的积极性和主动性,因此,首先要创设情境、明确目标,来激发学生的学习兴趣和动机,从而调动其积极性和主动性,参与学习和互动。

情境创设策略是利用各种与新课内容相关的情境,来吸引学生注意力,并提高他们的学习积极性,以使其在上课之初就形成良好的互动倾向的策略。注意是心灵的门户,意识中的一切都要经过它才能进来,愿意学才能学得好。恰当情境的创设,容易引起学生的兴趣,吸引他们的注意,具有了强烈的兴趣和高度的注意,学生才会积极参与教学互动。具体来说,情境创设可通过以下几种方式进行。

（1）通过提问创设情境。

问题情境是知识产生的源泉。建构主义认为,学习总是与一定的问题情境相联系的。在问题情境下进行学习,可以使学习者更好地利用原有认知结构中的知识和经验,去同化当前所学的新知识,从而赋予新知识以某种意义。在课堂教学中,教师要注意通过精心设计提问,调动学生的积极性,使其在积极思考的过程中调动原有知识,将"死知识"变成"活知识"。

教师所提问题的质量及其采用的提问策略,直接影响学生回答问题的正确率,并关系到课堂教学的效率和质量。应当注意以下几点：

第一,根据学生特点、教学内容、教学目标、教学环境,以及新知识与学生已有知识和经验的相关程度来创设恰当的问题情境。

第二,问题应具有启发性、思考性和挑战性,要能激发学生学习的兴趣和求知欲,启发学生思维。既要超越学生现有的水平,有一定的挑战性,

又不能超越太多；既要有一定的发散性，能拓宽学生的知识面，又要注意不脱离教学目标。

第三，问题要具有一定的真实性和现实意义。

第四，问题要具有层次性，根据学生的认知规律，由浅入深地进行提问，能使不同层次的学生都有发挥的空间。

第五，注意提问类型和方式。要让推理性提问多于事实性提问，多给学生创造思考的机会；要开放性提问多于封闭性提问，使学生养成积极参与教学互动和用英语表达其思想观点的习惯。

第六，问题解决方式要具有多样性。例如，小组合作完成式、个体独立完成式等。

第七，对学生的回答要多给予肯定的评价。鼓励学生大胆提出自己的思考和设想，从而引发更多、更好、更切实可行的创新思考。

（2）设置疑点创设情境。

"好奇"可以引发人的注意力，促使人完成许多超乎想象的事情。教师可借助学生的好奇心，在课堂互动教学中恰当地设计疑点和悬念，使他们迫切地想知道谜底，而又只能在一步一步的教学互动中逐步解开疑团。教师通过在教学过程中设置疑点，吸引学生全神贯注地参与并完成全部教学互动。

（3）利用图像创设情境。

教师应该更广泛地应用形象生动的图片和影像，直观地创设情境，使英语学习变成多种感官的共同协作，这样可以大大拓展学习空间，有助于思维潜能的开发，增强教学的直观性和艺术性，大大激发学生的学习兴趣。

（4）利用表演创设情境。

教师可以提前布置跟新课相关的表演任务，让学生在上课之前进行展示，使他们对将要学习的内容有一个初步感知。这样，既可加深学生对新知识的印象，也可激发他们想登台表演、展示自己的欲望，同时，也吸引了学生的注意力。

2.明确目标

明确目标是要告诉学生本章节或本堂课应该达到的学习目标，要告诉学生判定是否达成目标的标准或方法。对于本章节或本堂课的教学内容，依其重要性进行优先排序，告诉学生，哪些是必须掌握的，哪些是作为一般了解的，对于学有余力的学生，哪些是可以进一步拓展的。教师只有凭借教学目标，才能利用教材中固有的知识，以新旧知识的联系或冲突引发求知需求，围绕目标实现互动。目标最好是在教学情境中，引导学生自己生成，最好能刺激对所学知识的兴趣，并产生强大的内驱力，激发学生积极主动地学习与探索。教学目标要贯穿整堂课中，保证所有的互动活动不偏离这一目标。最后，在点评归纳时，还要回到教学目标这一落脚点上，注意让学生检验自己是否达成了教学目标。

（二）自主学习策略

大学生大多欠缺独立学习、自主尝试的意识和能力，所以不能实现真正有意义的互动。因此，大学英语互动教学要让学生树立自主学习的意识，养成自主学习的习惯，这样不仅有利于学生更好地参与教学互动，也有利于学生的可持续发展。

教师提出自学的内容和要求，教给学生自学的方法和技巧，然后由学生自主学习，让他们自己去发现问题、研究问题、探寻知识，为小组讨论做好准备。在这个环节中，学生以自学目标为线索进行阅读等活动。教师要相信学生，放手让学生进行自主学习和尝试，充分发挥学生的主观能动性，激发其学习潜能，让学生依靠自己的力量，去理解和掌握知识。教师在指导学生自学前，要详细了解和分析学生的知识能力水平及发展情况，这样，有利于因材施教。教师在学生自学时，不能袖手旁观，要深入指导和答疑，真正体现以学生为主体，教师为主导的特点。教师要对学生进行分类指导，对素质较好的学生，指导可适当减少，对基础一般的学生的指导应相应增加，尤其对后进生要特别关心，帮助他们克服畏难情绪，增强自学信心。针对学生词汇量贫乏、阅读能力欠缺的特点，可以把预习全文，了解大意和结构，解决词汇，找关键句，思考问题，发现问题这一环节布置给学生自学，把自学成果、问题等记录下来，在小组交流时，就可以发表各自的观点，提出存在的问题，互帮互教。此外，教师还要注意在教学中不断渗透自主学习的方法、策略，鼓励学生不管在课上还是课下，多进行自主学习。

（三）合作学习策略

合作学习是指在教师指导下，学生为了完成共同的学习任务，或达到共同的学习目标，通过小组学习、团队活动、集体生活等来进行学习，重点培养学生合作精神和团队意识的一种相互帮助、共同提高的教学策略。大学英语一般为大班授课，班级人数较多，教师在教学中很难顾及每一个同学，而且，统一化的要求不适应培养个性化的人才。合作学习主要以小组形式进行互动教学，可以弥补大班教学的不足，激发学生参与互动的积极性，并且可以培养学生的合作交往能力。

1. 分组和分工

合作学习以小组学习为主要形式。因此，分组和分工是合作学习得以顺利进行的前提。由于大学英语一般为 40 至 60 人的大班授课，分组时以 6 人左右为宜。如果组内人数过多，或划分的小组过多，都会影响互动合作的效果。分组有异质分组、同质分组和同宿舍分组等。异质分组是将差异较大的学生分成一组，即组内异质、组间同质的方法，异质组有利于帮助后进生；同质分组即组内同质、组间异质的方法，同质组有利于教师的分层教学，小组学习中，学生活动机会均等；同宿舍分组，即一个宿舍为一个组，适合宿舍人数在五六人左右的情况，利于情感互动和课外互动，合作完成教学任务。分完组之后要实行具体的分工，分工是为了有序、快捷地完成学习任务。例如，先要确定一名小组长，由他来负责组织小组的工作，讨论过程中，比如 2 号同学记录，3 号总结讨论结果，4 号汇报，一定要分工明确，各司其职，全面互助。小组长及各人的角色可以定期轮换，使每一名学生都能尝试不同的任务，都能在自己充当的角色中得到锻炼。在合作交流中要学会表达自己的见解，学会倾听他人的意见，在讨论中捕捉对自己有用的信息，补充完善自己的观点，学会对交流内容进行整理、归纳、总结等。

2. 小组任务和规则的制订

小组布置的任务一般为没有固定答案或统一形式的教学任务、探究性任务或同一教学材料不同部分的任务。如果是不同的任务，可以通过指定、抽签、自选或机选的形式分配给各组。规则要清晰明确，例如活动内容和形式、英语所占比例和流利程度、时间控制以及奖励办法等，都要在开展小组活动前做详细规定。

3. 活动形式

（1）小组研讨。

小组成员在组长的组织下，共同研究探讨某一问题或任务，找出大家公认的最佳答案或解决方案。

（2）学生讲课。

在英语互动、阅读、写作教学中，都可以让学生来登台讲课，过把教师瘾。让学生以小组为单位，自主选择各种教学方法和手段，合作完成规定的教学任务。

（3）角色扮演。

对于英语互动、话剧或故事性较强的文章，学生可以以小组为单位，首先合作了解整篇材料的意义，逐步扫清语法、词汇障碍，然后再按角色进行合作表演。

（4）游戏竞赛。

通过接龙、数七等游戏和听力、词汇竞赛等，调动学生主动参与的积极性。

（5）组际交流。

小组学习完毕之后，教师可以组织各小组之间展示交流各自的学习成果和学习心得，以便在更大的范围内开展合作学习。

（6）自评互评。

组际交流之后，根据完成任务的规则和评价标准，各组首先对本组的表现进行自评并拉选票，再进行互评并投票选举出优秀组。通过自评互评，学生了解了自己的不足，也学习到其他同学的优点，达到集思广益和更牢固地掌握知识的目的。

（四）点评归纳策略

在点评环节，教师暂不评价，而引导学生相互评议。心理学家认为，延缓评价往往能促进学生思维的广阔性和深刻性，而过早的评价，无论是肯定还是否定，都会抑制学生的灵感和创造性。在评价时，首先，要求评价学习的内容，以便学生了解自己小组的学习成果，自觉弥补缺陷与不足。其次，评价各组学习行为和效果，以各组"自主学习、参与程度、团结合作、学习效果"等指标进行考察。通过评价提高学生综合评述能力，同时，培养学生合作、竞争、个体化活动（自由发言）等各方面能力。学生互评后，由教师进行综合点评。在归纳讲解环节，引导学生按照学习目标，将各组的观点、答案进行整理、分析、归纳和概括，由此形成共识。然后教师补充归纳，总结知识和学法，教师讲解要做到画龙点睛，力求简要清晰，针对教学内容，根据学生合作学习情况进行补充、概括，帮助学生构建和完善知识结构。同时，培养学生正确的学习方法。

第二章　大学英语写作互动式教学法

随着全球一体化和中国经济的飞速发展，英语在社会各领域的作用日益突显。因此，在大学阶段，全面提高英语教学质量，加强学生掌握和运用英语的能力，显得极其重要。英语写作作为全方面考查学生英语知识综合应用水平的一种有效方法，是对大学生英语词汇、语法和谋篇布局等能力进行的综合性考察。事实上，我国高校学生的英语写作现状却并不乐观，必须予以高度重视，并通过有效途径进行解决。

同时，大学英语写作教学的目的是培养学生表达事实、观点、情感、想象力和交流信息的能力，以及规范的写作习惯。因此，在英语写作中，需要一种能面向全体学生的，有助于学生语言实践活动充分开展的写作模式。于是，互动写作模式应运而生。

第一节　大学英语写作教学现状的研究

大学英语教学最基本的目的是培养学生拥有较好的听、说、读、写、译的能力，而且可以轻松自如地用英语交流，真正掌握一门语言，基本达到和母语同等的水平。英语写作是一种对英语综合能力的表现，它包含了对语言的逻辑分析、组织、运用表述的各项能力。写作能力是和听、说、读能力密切相关的。如今，英语写作能力是现代高级人才必须具备的重要素质，在外企工作岗位中体现得尤其明显。比如，经常会有说明书书写、个人简历展示、商业信函传递、求职信介绍、网站通知等方面英语写作。随着社会经济的发展和国际合作交流，英语写作能力会变得越来越重要。

现在，由于学生的英语写作出现了各种问题，高校培养的学生难以胜任社会需要的工作，这对我们老师和学校都是一个警示。具体表现在写作能力较差，不能快速地写出通顺的文章，经常会出现一些基本错误。而且平时写作显得特别困难，虽然有足够的想法却难以表达，文章的篇幅较短，下笔时缺乏写作信心等。提高学生的英语写作需要依靠较好的教学举措，需要对学生给予全面完善的培养。针对目前教学中出现的各种问题，改善写作教学，对提高学生的写作能力的有极大的现实意义。

一、影响学生写作能力的主要因素

大学生英语写作能力的培养，是英语教学中较为重要的环节，就像语文写作，所占分量很大。我们最终要通过写作来表达我们的思想，阐述我们的意见，口语交流只是一个方面，更高层次的写作才是交流的体现。但是，现状是外语教师煞费苦心，学生英语写作却收效甚微，难以达到预期目标。影响大学生写作能力的主要因素大致有如下几个方面。

（一）外语水平较低，基本功底不够扎实

写作中经常出现言语的常识性错误。时态和语态混用，单词写错，介词、连词等使用不当，句子零乱，不够清楚、完整。英语中，同一个意思会有不同的单词，并且使用环境也可能不一样，学生经常会混用单词，认为意思相同即可通用，这显然不对。较为突出的问题是，掌握的词汇量太少，句型欠缺，短语、短句掌握不够，词组积累较少。通常会出现表达一个意思的时候，想不起用什么词语替代，并且高级词汇所知甚少，文章写作层次不够，仍旧维持在较低水准，写出来的文章浅显短小。句型、短语、词组的积累很重要，它们是最基本的文章构架。中文和英语的写作方式毕竟不同，句型转化也不一致。头脑中存在的中文意思，在进行英文表述的时候，不够合理和规范，最后写出来的英语有较大的中式意味。只有积累丰富，写作才能顺利、流畅、得体。这些都说明学生的英语基本功不够扎实，其中有学生的主体因素，也有教师的客体原因。

（二）母语写作能力不够

在这里，母语即汉语。汉语的写作能力显然会给英语写作带来影响。学生知道的汉语词汇越多，知道的表达方式，比如比喻、夸张、排比、对比等，都可以对英语写作进行指导。为什么在英语写作中不能有完美的修辞表达？汉语中有大量的成语衬托，有优美的文字表述，还有丰富的文化结构和底蕴，这些成语在各种修辞手法中表现出较高的意境，只要不断积累、感受，汉语写作能力就会逐渐提高。英语写作也可以以这种方式进行，只是汉语的写作能力需要首先得到保证。

（三）写作任务和条件不够

在英语写作中，写作任务过少。比如，在中文写作中，每次的写作至少要求几千字，而且写作时间较长。但是，英语写作通篇词汇量较少，一般200字左右，这样的要求太低，任务较为轻松。同时，写作条件不够。英语写作多数在课余进行，课堂时间短，学生难以在短时间内完成较好的写作。

（四）写作练习频率不够

大学生平时的学习和交流仍然是以中文为主。我们经常可以用中文洋洋洒洒写出几千字的文章，表达出清晰的主题和情境，但很难用英语写出较长的文段，而且表述不清，没有主题，更不要提意境。究其原因，仍然是练习的频率不够。应该经常性地用英语替换中文进行写作，写出自己对一件事情的看法，一个东西的描述，等等。

（五）写作基础薄弱

这里的写作基础基本上可以理解为英语水平或者基本功问题。比如，在中文写作中，我们都会大量地查看和积累相似主题的文章，记录优美的句子和表述。但是，英语写作时，大学生这点做得不够。其实，有很多优美英文和好的句子可以借用在英文写作中。

（六）认知能力有待加强

学生对英语写作通常会有消极情绪，因为不自信和心怀恐惧，所以学习效果越来越差。每次写作不够仔细认真，没有反复修改和琢磨，也没有通篇理顺和完善，学生只是完成任务，这样做难以提高英语写作水平。对一件事、一个物，每个人有不同的看法，如果能有更为深层次的本质见解，写出来的文章自然较好。

二、写作教学现状分析及存在的问题

影响大学生英语写作能力的因素是多方面的，写作教学的目标就是提高大学生英语写作能力，加强对语言的掌握力度。分析现有的写作教学现状和问题，对于改善和提高学生的写作能力有较大帮助，同时，对改进写作教学有一定的指导作用。

写作教学的现状和存在的问题，主要表现在以下几个方面。

（一）写作教学的目的不清楚且重视程度不够

很多老师通常会直接开始一门课程，但却不知道这门课程的教学目的，而学生也只是为了考试进行学习，这样做不会引起学生全新的认识和足够的重视。同时，现在很多学校没有专门的写作课程和写作教材，写作基本上都是学生课下完成，写作素材基本都是教师安排，素材和未来的工作主题无关，就难以激发学生的兴趣专心写作。

（二）教学方法的问题

教学方法对英语写作有较大影响。英语写作是英语能力的综合体现，因此，全方位地提升外语水平是必要的。认为写作能力的培养就是写作，这种看法显然不对。比如，写作课上，更多的教师就是让学生多写多练，但是，忽视了基础问题——词汇和语法基础。英语写作的语篇体裁很多，而平时的写作练习主题较少，涵盖不够全面。

目前，教学方法有四种，即成果型教学、过程型教学、内容法教学、体裁法教学。现在的教学方式多数为任务教学，以教师为中心，以考试为目的，失去了学生的自由发挥和主观意识。一般的写作教学，教师会在课堂上布置一个写作题目，或者根据书本的习题要求安排写作任务。最后由老师批改学生作业，但大部分老师只是找出基本的语法问题和句子结构以及单词拼写错误等，没有对文章总体上进行分析把握。老师很少会对作业质量、文章写作进行对比评讲。这种任务型教学多数是为了考试，学生只是模仿基本的范文句型，缺乏新意的多变结构。这样教学难以激发学生随性写作，大部分学生只是应付任务。

（三）学生主体的问题

写作教学当中，学生仍然为主体，教师只是起辅导作用。在写作中，大学生经常会出现无话可写的情况。学生们存在写作兴趣不够、心态不够积极、不够自信、担心写作等心理。此外，还存在写作练习没有加强，学习英语的基本功底不够等问题，这些是写作教学中应该注意的。合理的教学方法，并不一定就可以提高大学生的写作能力，毕竟学习效果仍然取决于大学生个体。但教师需要采取措施，让学生的主体问题不至于放大。比如，让学生从整体上知道培养写作能力的重要性，激发他们写作的兴趣，让他们自信地面对各种话题，广泛地积累写作素材，等等。

（四）文化差异和语言环境问题

语境在语言学习的过程中较为重要，英语的写作表达技能与语境相关。不同的语境下，有不同的书面表示方式。在写作教学中，这需要教师进行较多的讲解、演绎和展现。文化差异的不同对写作教学也有影响，文化差异与我们的思维方式、语言表述密切相关。中文中很好的语境表述、合理的词语运用，在英文写作中可能就会有不一样的体现，这是文化差异决定的。但在英语写作教学中，这方面的积累、学习和掌握仍然是教师和学生面临的重要问题，且不是短时间可以融合和改变的，而是一个长久过程。

三、大学英语写作教学存在问题的原因

大学英语教学的重要目的在于培养学生的综合应用能力，以便他们在今后的学习、工作和社会交往中能用英语有效地进行交际。然而，不可否认，当前国内大学生英语写作仍然存在诸多问题。例如：写作任务无法充分发挥学生的原有写作水平；学生难以进入写作情境及无法深入理解写作任务；汉语式英语现象严重；学生写作缺乏创造性、写作动机不强、缺乏写作热情等。对此，在研究方法上，国内学者较多地借鉴二语习得理论、应用语言学和语料库语言学，对学生的写作进行实证研究。

（一）大学英语写作教学存在问题的原因研究

早期语料库语言学研究者们，就在国内各高校进行了基于语料库的大学生作文文本分析。其目的在于揭示大学生英语写作水平及存在的问题，这为指导改进写作教学和评价方法提供了依据。

梁茂成通过搭建两个大型语料库，提出对学生写作的三点感受：作文缺乏深度；议论文大多使用一个主题句加 for example 的句式；国内学生的作文有一定的套路，层次清晰，因而较国外学生的作文好分析。这说明，学生在写作时未深入思考，缺乏思辨能力，从而无法写出有新意的文章。除学生自身英语水平、母语写作能力、写作条件与任务和元认知能力等因素影响学生写作水平外，学生写作水平的提高有赖于教师对作文的评价。

刘世生和刘梅华老师就 20 名北京某著名高校三、四年级本科生进行了问卷调查，结果显示：85%的被试者希望授课教师在批阅文章时，能详细点

评优缺点并指导如何改进；鼓励学生相互点评、相互促进及共同提高。另外，研究者们还发现，反馈对英语写作教学的效果意义重大。此外，教师反馈与同伴反馈相结合，对学生写作水平的提高表现出较强的优势。然而，在实际的大班教学环境下，师生互评模式推广力不强，教师未能对学生的作文给出及时有效的评价。例如，有些教师在评阅作文时，不理解学生所写的内容，就放弃不改，或者是根据自己的理解修改句子，结果未能收到应有的效果。除反馈质量有待提高外，高校大学英语写作教学还普遍存在对写作重视不够、课时不足、联系量少和教学针对性不强等问题。

（二）教学方法存在问题的原因

长期以来，我国英语写作教学推行成果教学法。这种教学方法侧重对学生进行写作风格、段落组成和文章结构的训练。同时，大多数教师把写作教学纳入应试考试当中，强调"范文式""作文模板式"教育。诚然，这种教学模式能让在双语习得环境下的学生通过模仿进行语言学习与写作创作，但是弊端就是学生在未深入思索以前，一些固定的套路禁锢了学生的思路，学生的自主创造性亦未能得到充分的发挥。因此，张艳红认为，最为理想的就是将范文视为一种丰富的资源，而非理想的典范与模仿对象。

由此可见，我国大学英语写作教学在评价、教学方法等方面，存在诸多问题，英语写作教学的实效性问题，仍是各界关注的话题。如何改进当前的英语写作教学方法，从而激发学生写作兴趣，提高学生英语写作水平，已然成为高等教育教学中的瓶颈任务。因而，当前大学英语教师必须尝试不同的且符合学生学情的教学方法，从而探寻更加有效的英语写作教学方法。

（三）大学生自身的原因

大学生在英语写作中遇到了困难，原因是什么呢？究其原因，主要有两个方面：一是教师、教法、教材、评价体制，以及语言差异等因素。二是学生自身基础较差，语言能力较低，且缺乏有效的写作策略、写作兴趣和写作动机。

从教师层面而言，由于受传统教学模式的影响，大学英语教师习惯于教授知识性课程，如英语精读、语法等，而在语言讲授中，则主要以词、句为主，在语篇层面上的写作教学，则鲜有触及。许多大学英语教师在写作教学中习惯于运用演绎教学法。从而导致教学重点和主要内容围绕英语语言知识和英语写作理论，脱离了现实问题和具体的写作语境，忽视了对学生进行写作策略和写作能力的培养。在英语写作教学中，学生们处于被动地位，缺乏主动性和自主性，导致学生难以提高英语写作水平。这种以教师为中心的英语写作教学模式阻碍了学生英语写作能力的提升。

此外，教师在写作课上，针对语言学习策略，特别是写作策略方面内容的专门讲授，更是少之又少。一方面，是一部分教师自身在学习策略方面的知识不系统，难以在课堂上传授给学生。另一方面，有的教师还没有足够重视学习策略对于写作教学的作用，认为学生只要背点经典范文、经典句式，知道怎么写就行。

从学生层面来说，导致学生英语写作能力较低的主要原因，在于语言基础较差，缺乏写作的兴趣和动机。此外，大多数学生对于英语语言学习策略没有系统认识，更少有学生将写作策略真正运用到具体的写作当中去。在英语写作中，大部分学生未能有效地运用写作策略，且对写作过程缺乏合理的监控，写作内容贫乏，写作框架机械，字词单调，很少有创新的思维。在英语写作过程中，学生主要是通过背诵范文来进行写作，较少自主积极地进行写作训练。

从教者和学者两方面看来，大学英语写作教学还存在诸多问题。教师忽视英语写作策略的训练、学生英语写作基础薄弱，是学生英语写作能力低下的重要原因。教育界一直强调：没有什么教育目标比"使学生成为独立自主高效的学生更重要"。如今，孔子所推崇的"授人以鱼不如授人以渔"的观点已为大众熟悉。因此，使学生掌握学习方法和基本技能，是提高学习效率及减轻学生负担的有效途径，也是大面积提高教学质量的有效措施。在大学英语写作教学中，如何把教学策略与学习策略有效运用，就成了一个非常重要的课题，而重申学习策略的概念和其重要性，是个不容忽视的内容。总的来说，大学英语教学中存在的问题繁多，导致教学效果不理想。如果在实践教学中，教师和学生都能有效地诊断出自身在教与学上存在的问题，或许能为提高英语写作教学的水平提供一个新的视角。无论是国外还是国内的英语写作研究，尽管取得了很大的成就，促进了学生英语写作水平的提高，扩大了学生的写作思维能力，培养了学生的写作意识和写作能力，但都很少谈及英语写作诊断式教学。

第二节　英语写作教学方法的研究

就目前的实际情况看来，我国大学英语写作教学当中，较为重要的就是英语写作教学的方法，下文从大学英语的主要教学方法和教学策略等方面，进行了综合的研究与调查。

一、目前大学英语写作的主要教学法

当前，英语写作呈现出大量的教学方法，主要包括：成果教学法、过程教学法、体裁分析法、内容教学法、任务教学法等。这些教学方法在我国大学英语写作教学中，都曾发挥了积极的作用。

（一）成果教学法

成果教学法是国内英语写作教学中仍占主导地位的教学方法，国内大部分英语写作课本都是按这种教学法撰写的。尽管成果教学法在具体实施过程中各不相同，但总体上，这种教学法主要关注语言知识的认知和运用，强调在写作过程中要使用适当的词汇、语法和衔接手段。对于段落来讲，重点强调主题句、段落的组织与结构和对篇章的联系和影响。成果教学法一般把写作分为四个环节。

第一，熟悉范文。在这个阶段，教师首先选取一篇类似的范文在课堂上进行讲解，分析其文章整体结构和修辞模式，并着重强调其语言特点和修辞手段。

第二，控制性练习。在这一阶段，教师需要就第一阶段中总结的常见句型要求学生反复练习，并在教师的指导下，逐步过渡到段落写作。

第三，指导性练习。在这个阶段，学生模仿范文，尝试用受过训练的句型写一篇类似的文章。

第四，自由写作。在这个阶段，学生可以适当自由发挥，把写作技能不断转化为自身的技能，并运用于实际的日常写作中。

具体来说，在写作课开始时，教师可以先分析一篇表达某个观点的议论文，这样的范文应根据学生能力和教学需求进行修改，以使结构和语言

特征更加突出,并突出表达个人观点的表达法,如表示赞成、反对、表达论点的介绍,以及各分论点之间的常用的衔接短语、句型等,然后要求学生进行替换练习和反复操练,形成一些正确的类似表达。接着教师呈现需要论述的观点,要求学生模仿范文写出一篇表述个人观点的段落或短文,教师进行仔细批改后,帮助学生找出其词汇和语法上的问题,并督促改正。在这之后,可以要求学生自由发挥并应用于现实写作。比如,表达对某一社会事件的观点、看法,等等。

(二)过程教学法

过程教学法把整个写作看作一个过程,重视语言运用的技能本身,而不太强调成果教学法所重视的词汇运用、语法正确、篇章结构等语言知识。当前,过程教学法是被师生最广泛接受的过程写作模式,它把写作过程分为以下四个阶段。

第一个阶段是写作前准备。这主要是辅助学生构想下面如何进行写作的阶段。教师可以通过各种活动,例如启发性的提问、分小组讨论、群策群力、构建结构图等,以便让学生就要写的话题获取尽可能多的写作素材。

第二个阶段是起草阶段。学生对上一阶段中所得到的材料进行加工整理,并拟订写作提纲,然后在此基础之上起草初稿。

第三个阶段是修改阶段。初稿完成后,学生再根据教师所组织的小组讨论或其他形式,与教师和同学讨论自己的草稿,根据他们的意见和建议修改。

第四个阶段是编辑阶段。在此阶段,学生对上一阶段已经修改后的文章进行最后的润色,可以恰当地增补和删减。

在过程教学法中,写作过程是一个不断完善的过程。不论写作处于任何一个阶段,学生都可以返回到上一个或者最初阶段。例如,学生在写作过程中发现自己的提纲还需要进一步完善和充实,可以再次返回第一阶段的工作。教师在整个过程当中,只为学生提供完成写作过程的便利条件,并不参与具体信息的输入。过程写作法认为,英语学习者可以在写作过程中潜移默化、耳濡目染或无意识地通过训练来提高写作技能,在这个过程中,学生可充分发挥自身的创作潜能。

(三)体裁分析法

体裁分析法是成果教学法的延伸,它们之间有许多相似之处。体裁分析法同样把写作看成是以语言认知为主要内容的现象。不同的是，体裁分析法更强调根据不同的社会环境和交际需求，写作也有所不同。所以，按照不同的语篇体裁，写作被分为记叙文、科技说明文、研究报告、广告和议论文等。

体裁分析法广泛认为，沟通的目的决定写作体裁的类型，而不同的体裁也是为了达到不同的交际目的。

体裁分析法分为三个步骤：第一，示范分析；第二，共同协商；第三，独立写作。其中，第二步骤中的共同协商不同于过程写作法中的小组讨论。它主要指教师和学生对给定的范文的语言运用、谋篇结构、体裁风格等特点进行沟通磋商，并与同学们一起构思一篇文章。

以写一则广告为例，教师除了需要分析广告语言的特点和组织结构，还需要将重点放在分析写作目的、读者群的组成以及辅助手段，然后教师和学生一起讨论分析该如何写出广告这类特色体裁的文章，接着由学生根据总结进行模仿创作，就同样的体裁进行自由写作。教师在课堂上扮演着信息提供者和协商者的双重角色。

二、互动式大学英语写作教学策略

互动式英语写作是指把互动式教学理念充分融入英语写作教学过程中，以教师与学生、学生与学生之间的互动合作学习作为课堂的主要教学形式，以声音、语言、文字等作为课堂教学互动行为的主要媒介，在英语写作的选题、构思、讨论、修改、评价以及定稿等环节，让教师和学生、学生和学生之间一直保持互动交流，从而激发学生写作的积极性、能动性和创造性，最终提升学生的写作能力和写作水平。根据大学生的年龄特点和语言水平，互动式大学英语写作一般包括写前准备、写作初稿、交流讨论、修改、评价、再修改等环节。在教学中，主要采用以下教学策略：

（一）异质分组，构建互动时空

保证学生合作学习成功的必要条件之一是对学生进行合理有效的分组。因此，开展互动式英语写作教学，首要的是进行合理有效的分组。互动式大学英语写作教学，是以学生的小组合作学习为主要组织形式。所谓合作学习，是以异质小组学习为基本的学习形式，以小组成员之间的合作性学习活动作为主要学习内容，以小组学习目标的达成度作为主要评价标准，以小组合作学习所取得的总体成绩作为教师评价和奖励主要依据的教学策略体系。

合作学习小组的组建，不是把班级的学生进行简单的划分，而是要按照优势互补和有利于互动的原则，尽可能考虑每个成员的优势和劣势，使学习小组内的每个成员之间形成优势互补。有不少研究表明，合作学习小组，以综合性别差异、情感态度差异、学业成绩差异、能力倾向差异等多因素来组成最佳。这样的合作学习小组可以使每个小组成员之间相互取长补短，从而达到共同进步和提高的目的。在互动式大学英语写作教学中，教师就要根据学生的性别差异、写作水平的高低、写作兴趣的高低，以及组织协调能力的强弱等多种因素进行异质分组。而各合作学习小组之间的水平应基本保持一致，以确保各学习小组之间可以展开较公平的竞争，也有利于对小组合作写作进行有效评价。

在异质分组时，还要考虑学习小组的规模，因为小组规模对学生的学习参与度也有较大的影响。根据"研究小组的规模与小组成员的参与程度"的相关研究结论：三至六人的小组规模最有利于小组成员参与小组互动，结合班级的实际人数，又考虑到双数有利于组内成员同时开展结对练习，互动式英语写作教学的合作小组规模一般为四人或六人。为了避免小组活动中出现少数学生参与写作活动、多数学生只能沦为看客的不良情况出现，小组中的每一个成员都被赋予了具体的职责，每个小组成员可以分别担任主持人、发言人、评价人、记录人等职责，大家各尽其职，共同合作完成教师布置的写作任务。

互动式英语写作教学的有效开展，还应合理构建合作小组的互动时空。在传统的英语写作教学中，占主导地位的课堂教学时间往往是师生互动的时间，而学生间的互动时间则相对较少。在互动式英语写作教学中，就要给予合作小组充分的互动时间，让学生有足够的时间相互讨论、相互交流、相互评价、相互欣赏，同时，也可以开展合作小组间的互动交流和互动评价。在合作小组的空间布局上，也要有利于课堂教学互动活动的开展。吴康宁在《教育社会学》中，对合作小组的空间结构进行了专门的研究，他提出"马蹄组合型"的空间构成更有利于学生在课堂中进行互动交往。

（二）任务驱动，激发写作动机

英语写作需要有明确的写作动机与积极的情感态度。激发学习者内在的写作动力，把被动写作转变为学习者的主动写作和自主写作，是互动式写作教学的重要研究内容。动机理论认为，激发起学习者内在的学习动机是教学最根本的任务之一，要让学生在教学活动中形成主动学习的意识，并进行积极的自我建构。内在学习动机是指学习者对学习活动本身感兴趣而引发的动机。只有学习者对学习活动本身感兴趣，才能产生持久的学习动机。如果学习者没有学习兴趣，就不会主动开启思维过程，也不会有强烈的学习热情，自然也就不会产生强烈而深刻的情感体验。相反，如果培养了学习者的学习兴趣，就能够给学生创造良好的心理环境，激发起学习者的学习动机。这样，就有利于师生之间开展良好的课堂互动，也有利于学生创造性地进行写作。

对于大学生来说，如果写作教学没有一定的吸引力，学生就不会有写作的积极性，甚至产生很大的畏难情绪，不利于写作教学的开展。学生只有对写作话题感兴趣，才会产生写作的动力。培养学生的英语写作兴趣，激发学生的英语写作动机，唤起学生英语写作的主体意识，是互动式大学英语写作教学的核心理念之一。

任务驱动法能否激发学生的学习兴趣、学习积极性和创新能力，其关键在于，教师设计的学习任务能否激发学生学习的"驱动力"。因此，精心设计写作任务是互动式大学英语写作教学成功的关键。只有设计好的写作任务，才能激发学生的写作动机和写作热情，把他们原先储存的语言知识积极转化为语言应用能力，学生的语言产出才能真正以量促质，从而达到对词汇、句法等语言知识和语言技能的运用自如。好的写作任务应该可以让学生自觉产生写作的愿望，让学生有内容可写，还能够写得多、写得好。教师设计的写作任务必须让学生感兴趣，才能引起他们的写作愿望。教师设计的写作任务该是学生熟悉的话题，才能确保学生在写作时言之有物。教师设计的写作任务还需要适合学生当前的英语表达水平，要确保学生之前获得过相关的语言输入，并能在写作时用上这些语言，做到学以致用。

设计了好的写作任务，还要把握好布置写作任务的时机。丹尼尔森认为，在第二语言学习的阶段，学生的写作通常是从学写句子开始的，而这些句子往往都是以他们先前听过、说过以及读到过的句子结构为蓝本而写成的。学生在听说和阅读中所积累的语言材料，是他们写作时的主要模仿依据。因此，在单元教学之初，就给学生布置写作任务，让学生明确写作内容与单元话题的相关性，从而引发他们的有意注意，让学生在单元语言知识的学习过程中，有意识地积累目标语言，为写作做好必要的语言储备。在写作课之前，教师再次给学生布置写作任务，让学生做好写作前的准备工作，引导学生试列提纲，搜索整理已学语汇，试打腹稿，或者查阅相关的范文等，让写作活动有所依托。

（三）提供支架，激活写作语言

并不是所有的学生都乐意去接受并完成那些能够使他们获得成功体验的学习任务。当学生在执行学习任务时，教师还需要为他们提供必要的学习支持，并帮助他们积极构建学习经验。支架教学可以向学习者解释当前的学习任务，激活学习者原有的学习经验，并向学习者提供学习策略，还可以向学习者示范解决问题的过程。在这一系列的过程中，教师主要扮演帮助者和促进者的角色，指导、帮助和激励学生利用已经学过的知识并结合新学习的知识，顺利完成各项学习任务，从而让学生实现学习上的主动发展。在开展互动式大学英语写作教学过程中，教师应该积极给学生搭建好语言支架。

教师给学生搭建语言支架，主要可以体现在以下几个方面。

1. 写前互动热身，激活已学语言

能否激活储备语言，是学生写作成败的关键。大学英语课一般都以活动贯穿起来，学生习惯在活动中学习语言、运用语言。因此，写作前的热身活动，是互动式大学英语写作教学中的一个非常重要的环节。在写作课上，教师要创设吸引学生的写作情境，设计学生感兴趣的写前互动活动，让学生在活动中激活所学语言，为写作做好铺垫。

如在教学 My Favorite Teacher 时，可以首先设计一个"猜一猜他或她是谁"的活动，教师描述某个同学的外貌特征，让学生猜猜是他们班的哪位同学。猜身边同学的活动，是学生特别感兴趣的事，学生都乐于参与。当教师描述了几个同学之后，再请某个学生来描述，其余学生猜。然后让学生以小组为单位开展竞猜活动。在轻松的氛围中，激活了学生描述人物外貌特征的词汇和句型。接着可以设计一个"猜一猜老师的爱好"的活动。教师呈现一张表格，让学生猜某老师的相关信息。

能够揭开老师的神秘面纱，无疑击中了学生的兴奋点，学生热情高涨，在争先恐后中激活了大量所学语言。通过这样一系列师生互动和生生互动的写前活动，使得英语写作变得水到渠成。

2. 搭建写作框架，提供语言支持

写成初稿是学生进一步整理写作思路、整合写作语言的过程，也是学生遇到问题最多的时候。大学生想尽可能多地表达自己的思想，但又受制于语言能力，苦于无法自如表达。他们会努力搜索储备语言，把所能表达的语言都整合起来。此时，教师所能做的就是给予学生必要的帮助，帮学生回忆相关的语言，罗列一些主要的句型和词汇供学生参考，帮助学生搭建好基本的写作框架。当学生遇到表达困难，或者单词不会拼写的时候，教师要及时给予他们必要的帮助和指导。教师还要鼓励学生写长篇作文，不要拘泥于自己比较熟悉的语言，要发散思维，不要怕写错，让学生尽可能地多调用所学语言进行写作，写得越多越好，以量促质，写出自信并提高写作能力。

教师还应该鼓励学生写长作文，例如让他们把自己真正喜欢的动物或者觉得特别有意思、有特色的动物描写出来。学生发散思维，写作对象不再局限于一些常见的家禽，而且写作语言也有了很大的拓展。学生在表达时需要什么语言，教师应该尽力提供帮助，并把这些语言和句型补充到板书上。

3. 互助合作，优化语言输出

语言输出理论强调语言输出的假设检验功能。在检验假设的过程中，大学生会得到语言输出的反馈，反馈主要来自语言的接收者或者作文的评价者。如果反馈是肯定的，学习者就会认为其语言输出假设是正确的，从而可以内化语言；如果反馈是否定的，学习者就会明白自己的语言输出假设是错误的，从而修改所输出的语言。也就是说，大学生的语言是在不断地互动中优化的。许多的心理学研究结果表明：同龄人之间心理沟通的成功率是最高的，心理沟通的作用和效果也是显著的。也就是说，同龄人之间最易交流沟通。在课堂教学中，学生相互之间的良好关系，比任何其他教学因素对他们的学习、健康发展和社会化等方面的影响都更强有力。小组合作写作使学生之间要分角色进行交流、表达，在交流和表达的过程中，要向小组汇报、向全班汇报以及听同伴汇报，在这一过程中，语言的输入和输出量都会大大增加，通过同学之间的这种交流，使学生接触语言的广度和频率也大幅度增加，不但提高了学生的英语写作能力，而且还有效提高了他们听、说等综合语言运用能力。而在传统的英语写作教学中，教师没有充分考虑小组讨论、交流和互助合作学习等因素，很多时候学生都是被动地接受教师布置的写作任务，然后独自构思并完成写作任务。这样的教学方式导致课堂学习气氛比较呆板、同学之间没有机会互相取长补短、写作水平较差的同学也得不到及时的帮助，以至于他们无法消除写作中遇到的障碍，而写作水平较好的学生，却不能充分发挥他们的写作优势和写作热情，长此以往，很多学生用英语进行写作的兴趣就会慢慢消逝，甚至逐渐变得害怕用英语写作。学生之间充分有效的互动学习，是提高英语写作教学效率的重要途径。

通过小组讨论、集体交流、同伴互改、小组互评等方式的互助合作，无形中降低了写作的难度，提升了大学生写好英语作文的信心。而且每位学生都会在互动学习中吸收其他同学的好词、好句，改掉自己的错误和不足，优化语言输出假设，完善自己的作文，向老师提交一份自己觉得比较满意的作品。

4. 形成性评价展示写作成果

在课程的实施过程中，教学评价要起到激励学生学习的重要作用。形成性评价是英语写作教学的一种重要评价方式，是指对学生的整个写作过程进行实时性的评价。这种评价方式体现了教师对学生写作过程的关注和重视。在写作过程中，教师可以帮助学生及时地发现写作中存在的问题，从而帮助他们及时地调整写作活动，学生可以利用教师的反馈，对写作内容和写作形式等进行不断的优化。在写作教学过程中，评价还要有利于学生不断体验英语写作的进步与成功，让学生充分认识自我，保持持久的英语写作兴趣，树立写好英语作文的信心。

在互动式大学英语写作教学中，对学生写作的形成性评价，主要可以体现在两个方面。

（1）正面评价，提升学生的语言品质。

学生把习作提交之后，教师要及时进行评改。虽然经过了初稿撰写、交流讨论和修改优化等环节，但是老师还不能盲目乐观，不要以为学生的习作到此就比较完美了。事实上，因为学生的语言能力有限，提交的习作还会存在很多的问题和错误。

"写长法"理论强调，在作文评价上，教师不要纠缠于学生习作中的错误，而是要以肯定他们习作中的优点为主。这样，可以提高学生写作的自信心，让学生产生写作的持久动力。因此，互动式英语写作教学应吸收"写长法"的积极理念。

教师在批改学生习作时，应把握两大原则。

一是激励为主。教师要着眼于学生习作中的闪光点，圈出文章中的好词好句和与众不同的表达，针对文章的内容写出激励性的评语，同时指出存在的问题，给出一些积极的建议。

二是要以发展的眼光看待学生习作中出现的错误。如果学生在学习过程中犯了错误，那并不是因为学生本身存在什么过失，而是正常学习过程的一个自然组成部分。对于大学生来说，英语写作本身就是一种比较高级的学习形式，习作中出现错误是很正常的现象。因此，对于学生习作中出现的错误，教师要学会"睁一只眼闭一只眼"。如果是学生能够理解的明显错误，教师要明确指出。而有些错误，就算教师指出来，学生也不知道应当怎么修改的，那就暂时忽略。否则，教师指出的错误太多了，就会让学生产生挫败感，打击学生的写作积极性。教师要充分相信，随着学生语言能力的提升，学生自然能够改掉有些错误。

针对不同学生的习作，教师的评改方式也应有所不同。对于比较优秀的习作，教师只要写评语、给出评价就可以了。而对于比较平庸、甚至错误较多的习作，教师要尽可能面批。有些习作没有明显错误，但也没有出彩的地方，教师可给予学生一些积极的建议，让学生用一些比较好的词语提升习作。至于那些错误较多的习作，教师有必要给予进一步的指导和帮助，让学生明白自己的不足，并相信自己有能力改掉不足。

总之，通过教师的评价反馈，要让学生的英语写作水平有所提高、语言能力有所提升。

教师的评价反馈不是写作教学的终结。教师对作文的评改是否有效，主要取决于学生有没有对教师评改后的作文做出积极有效的反应。学生得到了教师的评价反馈以后，要根据教师的建议进一步修改习作。教师要让学生明白，修改作文本身就是有效地提高作文水平的重要环节。在反复修改作文的过程中，学生可以有效地巩固自己的语言知识，还能不断提高写作技巧。因此，教师要不断鼓励学生多次修改自己的作文。作品最终完成定稿之时，习作语言也已经内化成了学生自己的语言，综合语言运用能力肯定已经完成了质的跨越。

（2）展示写作成果，让学生体验成功。

一般情况下，学生对自己能够获得成功和愉快体验的事物，会产生较大的兴趣，并能在他们的内心起到激励作用，从而会使他们对这件事情更加关心，并产生还要再做一次的想法。为了让学生体验英语写作的成功和快乐，并维护和保持学生对英语写作的兴趣与信心，展示学生的写作成果，不失为一种有效的教学策略。

经过初稿撰写、交流讨论、修改提升、评价反馈以及修改定稿，最后的成稿是学生的最精心之作。可以通过以下几个途径展示学生的写作成果：一是把学生的作品装订成册，再加上漂亮的封面，供全班同学传阅。二是开设作品分享会，每节课的前五分钟为作品分享时间，教师选择两三篇特别优秀的作品，让作者给全班同学朗读自己的作品。三是分批在班级的英语角进行作品展示，供全班学生学习、鉴赏。有时可不仅仅展示最终的成稿和优秀作品，而是挑选部分进步比较明显的同学的习作，把他们的初稿和成稿一起展示出来，让其他学生能够清楚地看到他们所取得的进步，同时意识到只要通过努力，自己也能取得同样的进步，从而激发英语写作的动力，增强写好英语作文的信心，最终也能够获得成功的体验。四是选择优秀的作品上传到班级 QQ 群或学校网站，供家长和更多的同学欣赏、品味。

教师展示学生的写作成果，不仅是为了让学生体验英语写作的成就感，也是为了更好地引发学生的注意，创设一种学生与文本的对话与互动环境。通过优秀作品的辐射作用，让学生品味语言的魅力，培养他们对语言的敏感性。很多学生在用英语进行写作时，往往会苦苦搜索恰当的语言表达自己的思想，却又无法自如地表达。如今有了优秀的范本，学生就会自觉地关注他人的表达，从他人的作品中汲取养分，从而丰富自己的语言，提高语言输出能力，提升综合语言运用能力。

第三节　英语互动式写作教学课堂实际应用

长期以来，我国的英语课堂教学偏重知识的传授，把学生当作知识的容器，忽视了学生的学习兴趣，压制了学生的个性化发展和学习的主动性。为适应我国高等教育发展的新形势，深化教学改革，提高教学质量，满足不断进步的社会对大学生外语能力越来越高的要求，教育界中越来越多的教育人士开始排斥与反对这种传统的"满堂灌"的以教师为主的教学模式。大学英语教师近年来也不断进行研究，试图摸索出更有效地培养学习者学习能力的方法，提出要实现从以教师为中心、单纯传授语言知识和技能的教学模式，向以学生为中心、既传授一般的语言知识与技能，更加注重培养语言运用能力和自主学习能力的教学模式的转变。

一、不同阶段的英语互动写作教学应用

写作是一个复杂的过程，并不是由作者一个人完成，而是需要一个群体的相互配合。以下从写作前、写作中和写作后三个方面，对于不同阶段的英语互动写作教学应用进行分析。

（一）写作前

写作前是第一个阶段，即准备阶段。这个阶段主要有三个任务：划分小组成员并定主题、收集资料、学习基本的写作技巧。在这个阶段，教师要充分发挥主导作用。在传统的课堂教学中，学生的座位总是按前后顺序列成几排，这种设置方式使学生之间缺乏必要的交流和沟通。因此，在互动式写作教学中，学生座位的设置非常重要。在活动之前，老师可根据人数，把学生分成几个小组，每组五至六名学生，小组成员各自担负一定的职责，如发言者、记录员、主持人、检查员等。为了方便学生交流，在互动式教学中，教师可以把学生的座位排成圆形。在学生落笔开始写作之前，教师要指引学生进行前期相关工作的准备。

首先，教师要精心选择作文题目，所选题目既要与学生的学习和生活密切相关，又要让学生感觉有话可说。

其次，教师应组织学生一起阅读作文题目，给予学生讨论和思考的时间，提供学生之间互动的机会，针对主题，提出引导性的问题、列出要点等。学生可以通过阅读范文来收集资料，因为阅读范文能够扩大和启发学生的思路。在阅读的时候，学生要学会分析和判断；积累素材时，要认真思考和抉择。学生还可以利用网络资源来搜寻材料。

例如，以"Traveling"为主题，要求学生以小组为单位进行讨论并提出问题，然后进行回答。教师可以以"Traveling"作为话题来进行导入，首先激起学生的兴趣，自然地切入教学主题。比如，教师可以提出一个主题"I

Love Traveling",学生们可自由选择一个地方来介绍,可以是自己的家乡,也可以是自己曾经去过的一个地方。在学生介绍时,可能会遇到一些生词。比如,有学生想要介绍北京的一些景点,提到故宫时,却不知道故宫的表达方式,教师在这个时候要把学生无法表达的单词写在黑板上,"故宫:imperial palace"。当学生们介绍完以后,老师组织学生把自己的叙述记录下来。

在小组成员介绍的时候,其他成员不要因为叙述者的错误而中断介绍。当小组成员全部介绍完后,将进入下一个阶段。

在写作前阶段,教师应当指导学生了解体裁的类型与文章的主要作用。有别于其他语言,在不同交际场合下,英语的使用风格不尽相同。不同体裁的语篇模式可分为四大类型:一般特殊型;问题解决型;设定真实型;匹配比较型。而使用的体裁则涉及说明文、议论文、实验报告、科学论文、书信、记叙文等。对学生进行语篇分析观察能力的培养,能够使他们从微观角度对语言篇章进行理性把握,从而降低学生语篇的认知障碍。除此之外,教师在写作课堂上,还应当指引学生学会使用各种策略来完成写作。例如:怎样把握作文的结构和层次,如何开头、结尾,段落内容应当怎样展开;怎样修改,如何加强句子之间的逻辑衔接、段落之间的自然过渡和意义上的递进或转折;怎样才能加强语言表达的精确性,如何更好地更正词汇、句子结构、语法等细节问题。

总之,在写作前阶段,教师需要指导学生分析不同体裁的语篇所具有的交际目的和语篇结构,为以后的写作打好基础,写出合乎社会规范的语篇。

(二)写作中

在完成写作前的准备活动之后,学生进入实际写作阶段。此阶段主要的活动有打草稿、评改、重写。在课堂教学中,教师必须能够有意识、有目的地进行角色之间的转换,激发学生间的互动活动,调动他们的参与意识,使学生成为课堂教学的主体。课堂上,老师要组织学生对写作前收集的材料进行筛选,因为收集的材料不一定都能用上,要选取那些有价值的信息,告诉学生在写作时不要担心出现问题。当学生独自完成初稿后,教师提供评分标准并组织学生进行修改。许多学生没有掌握修改的技巧,也不知道怎样才能修改好自己的作文,更谈不上能对别人的作文提出建设性的修改建议。因此,在课堂上,教师可以进行具体的示范,让学生明白,应从哪些地方入手，才能进行有意义和有成效的修改。在教学过程中，教师应提供学生或同伴互评的参考标准。学生完成一篇作文，通常需要经过多次修改，而修改是一个很复杂的过程，写作评改有以下几个步骤。

第一步，自我修改。自我修改指的是来自学生本人的反馈。换言之，就是学生根据学习过程中出现的错误，进行自我的检查、辨析和订正。学生阅读自己的文章并进行修改，可以从以下几个地方入手：单词拼写、标点符号的选用、段落、文章的层次结构等。

第二步，同伴互改。同伴互改是指学生之间或小组成员之间，彼此对同伴的作文提出修改建议。同伴互改的根本宗旨是，让学习者通过必要的交流完成写作任务，充分发挥他们在学习中的主体作用。学生写完作文之后，首先与同桌交换互相修改。学生把自己的作文交给同伴，这是他们的作品第一次见到读者，也是第一阶段工作的延续。学生相互修改，既要检查并指出同伴的作文中出现的问题，也要肯定文章中出现的经典句子。通过对对方的作品做出反应，可以看出第一阶段的学生自我评估工作是否成功。这里的同伴互动，既是行为互动，也是思维互动，既促进了学生间知识的交流，又加深了他们的情感融入。

第三步，小组评改。这项评改工作可在组内和小组之间进行。教师在小组评改前，先公布本次评改的侧重点。小组的每一个成员轮流朗读自己的作品，使自己的作品与更多的读者见面。小组作为一个团队，共同评议每位成员作品的优缺点，可从以下几个方面入手：寻找作文的主题句、作文的逻辑顺序、文章的立意与选材、发现习作中的优缺点。最后把小组成员的意见进行汇总，并给出分数。等各个小组都完成任务后，再进行小组之间的交换，以便得到进一步的检查和修改，修改后再交给老师。因为学生互评是在平等的基础上进行的，有助于消除学生在交流时出现的焦虑情绪。通过小组互改，能创造出更积极有效的课堂气氛。写作成为同学之间交流和沟通的桥梁，而不再是等待教师评语的艰巨任务，这对于学生来说，能够从心理上消除他们的写作畏难情绪。

教学案例 I

教师根据 sport 来制订一个写作题目。

Writing task：Write a passage about your favorite sport.

在动笔之前，小组成员可陈述一些与 sport 相关的问题，如：

1. What sports do you like？Why？
2. What is your favorite sport？
3. How often do you do it？
4. Who is your favorite player？Why？

根据列举的问题，学生可以先进行单句操练。例如：

I am fond of basketball/football/table tennis...

I like running/playing basketball/football/table tennis...

My favorite basketball star is Yao Ming/football star is...

在单句操练的基础上，学生经过整理完成整篇文章。下面是学生的一篇习作案例：

I very much like sports and my favorite sport is basketball. Basketball make me strong, basketball is popular all over the world. I have a dream that I am going to be a basketball star when I grow up. I am not play basketball, because I have to do a lot of homework. My favorite basketball star is Yao Ming. He is very cool.

学生完成写作后，老师要组织学生从单词拼写、标点符号的选用、段落、文章的层次结构等方面进行自我检查、修改。接下来，在小组内进行交流和互评，小组内学生之间的相互评价，要求从语言知识、语言技巧、写作目的和篇章结构四个方面进行。在小组互评中，要充分体现小组成员的分工合作。在评改过程中，小组成员对同伴的作文提出自己的看法。例如：同学甲认为 very much 不能放在 like 之前；同学乙认为 Basketball 应改成 it，make 应是 makes；同学丙认为 am not play 应改成 am not playing；同学丁认为文章中缺乏必要的连接词……在小组中担任记录员的同学，要认真记录同伴反馈的问题，检查员对记录进行检查，而发言者的任务就是公布大家讨论的结果。写作阶段的最后一步，是在互评的基础上进行再修改，修改后的内容如下所示：

Sports benefit me in many ways. Firstly, sports can make me fit and strong physically when taking part in sports, I get the chance to train almost all parts of our bodies. In addition, sports can maintain my psychological well being, whenever I am in low spirit, taking part in sports can help me forget my anxieties and worries. Besides, sports can teach me some lessons about life.

Through participation, I can learn that on the playground I not only struggle for my own self but also fight for my team. Sports teach me to be considerate, cooperative and optimistic.

I like sports very much and my favorite sport is basketball. Because it makes me strong and it is popular all over the world. I play basketball three times a week. I have a dream that I am going to be a basketball star when I grow up. I do not play basketball much now, because I have to do a lot of homework. My favorite basketball star is Yao Ming. He is very cool when he takes part in the basketball game.

教学案例 II

网上购物成为当前的一种流行现象。现在,很多人特别是学生喜欢在网上购物,针对网上购物的利弊,组织学生进行讨论,然后完成作文 Online Shopping。

Questions:

1. Did you have the experience of online shopping? When and what did you buy?

2. What are the advantages of online shopping?

3. What are the disadvantages of online shopping?

4. What can be done to ensure the consumers' rights and interest legally?

教师给出网上购物话题后,每个小组成员都积极发表了自己的意见和看法,并且把观点和意见记录了下来。下面就是学生经过讨论后,对网上购物的利弊进行的分析和总结:

Online Shopping

With the development of the Internet and the popularization of computers, shopping on the Internet has become a common social phenomenon in our life. The shop on the Internet, for example Tao Bao. com and 360buy. com are open for almost 24 hours a day so we can buy something we want at any time if we like. What's more, we needn't to wait in a queue.

Shopping on the Internet has many advantages. One of the most important advantages is perhaps its convenience. By shopping on the Internet people don't have to waste a lot of their time and energy to go from one shop to another to choose the commodities they like. All they need to do is to sit in front of their computers and click the mouse. The commodities they order will be delivered quickly to them.

However, there are also many disadvantages of shopping on the Internet. The first disadvantage is that the consumers can't see the goods or try them on personally. Sometimes, the real goods may not be the same as what they have seen on the computer. For example, my friend Wang Lin is a very lazy student, he wants to do everything on the Internet. There was a time when his cell phone was broken, he decided to buy a new cell phone on the Internet. When he received the cell phone, he found it wasn't the one which he had seen on the net, it was other brand, and the cell phone was broken. He said he would buy one in the real shop. The second disadvantage is that some shops on the net are not registered. The sellers will never deliver anything to you after they get the money from you. Once been cheated, you will find that you have nowhere to go to complain. There is no law that asking the sellers to pay for the responsibility after selling.

经过学生自我修改、同伴评改和小组互评，学生的写作水平有了很大改善。

（三）写作后

在学生经过相互评改之后，教师要及时收集学生的文本进行检查，根据学生互评的结果进行讲评和总结。教师对学生在互评过程中出现的共性问题加以分析和总结，引导学生对问题的形成原因做进一步深入的认识，以及提出避免问题产生的有效方法，保证学生的互动活动得到及时的反馈和指导。最后，学生在修改的基础上进行重写。在评价过程中，教师应对学生多一些关爱、鼓励，帮助学生认识自我、建立自信，让学生在教师的指引下，愉快地进行英语写作、提高写作兴趣。

课后反馈属于写作后的一个关键环节。批阅学生习作，是教师与学生进行交流的好机会。教师可以直接对文章进行批改，纠正语法、表达、结构等错误。同时，互动式写作模式强调学生也可以在文中标出写作过程中的疑问之处，让教师进行有针对性的批改，并将结果及时反馈给学生，让学生及时了解到自己写作中的弱点和问题所在，并及时纠正。只布置题目，不及时反馈，会极大地降低学生写作的积极性，同时，也是对写作本身价值的一种浪费。反馈应点面结合，既注重语言、语法等细节，又注重篇章结构、总体思想表达等。教师还可以组织学生进行同学间的相互批改，集思广益，实现学生间的互动，让学生从读者的角度审视文章，加深对各种写作差错的认识，让出现差错的学生从出现的差错中学到东西避免再犯，让未犯错误的学生防患于未然。

二、多种形式的互动教学模式在大学英语教学中的应用

就目前大学英语的课堂教学情况来看，互动教学模式在实际的课堂应用当中存在多种样式。下文主要从口语展示、小组讨论、角色扮演、任务型教学、辩论赛等方面，对活动教学模式进行分析。

（一）口语展示

在正式上课前，教师可以让学生进行三分钟英语展示。展示形式是一次一个学生，也可以是三四个学生一起。展示的方式有英语演讲、英语歌曲、英语故事、英语感言、英语情境表演，等等。展示前让台下学生注意听，听完后就展示的内容提问，展示者回答。课前互动一般不超过五分钟，主要目的是锻炼学生口语、活跃课堂气氛、减少学生的焦虑情绪。

（二）小组讨论

教师可以采用小组讨论的方式学习一篇文章。比如一个班六十人，四人一组，这四人当中优等生一人、中等生两人，后进生一人，全班可以分为十五组，可让三组同时准备文章相关内容方面的知识。在组长的协调组织下，分析材料、合作讨论、设计方案，组长和组员一起总结陈述。可以鼓励四人一起上台表演，通过一些形象逼真的扮演，进而对于文章的内容进行充分的展示。学生在相互配合的过程当中，通过一些形象的动作和表情，能够增强对于文章内涵的理解。通过小组讨论方式，提高了课堂教学效果，增强了学生的语言运用能力，培养了学生的团队协作精神。

（三）角色扮演

在英语课堂当中，学生可以采用角色扮演的方式，对一部作品的内容进行充分的展示。在角色扮演的过程当中，每个人扮演不同的角色。为了促进教学效果的提升，教师还可以引导学生进行角色的互换，并且规定学生用五分钟大声朗读对话。接着，学习小组可进行绘声绘色的朗读比赛。

最后，各小组对朗读内容进行筛选、删减、添加、重新组合并进行十分钟的脱稿练习，然后各小组自愿上台脱稿进行角色扮演，再根据小组表现评分。这种互动式教学方式，活跃了课堂气氛、提高了学生口语运用能力激发了学生的学习热情。

（四）任务型教学

教师可以按照以上方法分组。以《新视野大学英语读写教程 2》中的 Unit 2 Environmental Protection Throughout the World 为例。教师给各小组分配任务，根据六个国家设计问题，答案越多越好。

问题 1：What are the country's resources in the past?
问题 2：What are serious problems at present?
问题 3：What are measures taken by the government?
问题 4：What are these measures' results?

给学生 25 分钟的讨论时间，然后要求各小组分别把答案填写在黑板上，相同的答案可以不写。教师可以根据各小组上交的答案，选出胜出组，给组员和组长加分。任务型教学使课堂教学更明确、更具体。在讨论活动中，大部分学生都相互协作、相互帮助、相互学习，较好地完成了任务。

（五）辩论赛

辩论赛须提前两周准备，教师需要告诉学生赛后要评选出优秀组员、优秀辩手、最佳辩手、优秀裁判和优秀记录员，平时成绩也可以适当地多加分。如此同学们参与辩论赛的热情必会空前高涨。辩论赛中，辩手们你来我往、短兵相接、针锋相对，课堂气氛十分活跃。在辩论过程中，学生可能开始还能用英语表达观点，后来可能会干脆用汉语来表达，鉴于这种情况，教师必须进行及时的引导。

（六）合理利用不同类型的提问

合理运用不同类型的提问在互动式课堂教学中起着至关重要的作用。教师在课堂上能否与学生成功地进行互动交流，能否达到预期效果，在很大程度上取决于是否合理运用了不同类型的提问。

根据学生的回应，提问分为两大类。一类是认知型。它包括展示性提问和参考性提问。展示性提问是指提问者已知道答案，且答案一般是唯一的，也称为低层次认知问题。参考性提问是指提问者对材料进行深层次信息提问，且答案不唯一，也称为高水平认知问题。展示性提问和参考性提问也可以根据教学内容和认知水平分类。另一类是回应型，它包括摹本事实型问题、推理型问题和社会型问题。根据问题难度和教师诱导程度分类，提问分为回忆性提问（为检查旧知识，设置有显而易见的答案的问题）、启发性提问（高层次探究性问题）、延伸性提问（联系实际追问以引起再次思考）。课前，教师为检查学生对旧知识的掌握程度，回忆性提问是最佳选择，导入新课时，可多采用启发性提问。课中，采取细节性提问是最佳选择，并合理利用启发性提问和延伸性提问。课后，多采用参考性提问，它具有综合性和开放性的特点。有效的、有趣的发问可以激发学生的学习动机，实现由教师为中心向学生为中心转移。值得注意的是，教师要牢记不同类型提问的使用目的、功能，对不同的教学内容、不同认知水平的学生，及时调整提问的方式，这样才会突出提问式课堂的教学效果。

三、互动式英语写作教学模式实施的注意事项

互动式英语写作教学模式的本质，是为了激发学生的写作积极性和主动性，让学生能够积极地参与到英语写作课堂中去，完成教师布置的任务；学生与教师之间相互交流与沟通，转变传统教学模式中学生处于被动地位的局面，在真正意义上使学生成为教学的主体、使教师扮演引导者的角色。

（一）创新课堂教学内容

创新性的课堂教学内容，是指以创新性学习为主的课堂教学，而创新性的学习，则主要在于培养学生对现实社会的一种适应能力。这种适应能力包括模仿、重新获取知识和积累信息的能力。培养学生这种适应和应变能力，不仅能让他们吸收新信息、发现新问题，而且能让他们提出解决问题的新办法。

教师对课堂教学内容的选取和设置，应该与时代相结合，这样才能充分地激发学生的写作兴趣。教师对英语写作课堂素材的选取，应该与学生的生活和学习息息相关，这样才能使学生产生参与到课堂教学活动中的动力和兴趣。

（二）设计互动式的教学环节

教师设计和实施互动式的教学环节，首先应该设计互动的课堂程序，通过师生之间和学生之间的互动性活动，使课堂程序合理化。比如，在准备和形成思路等环节，引导学生参与讨论、解决问题。另外，设计真实的

写作任务往往更有意义，写作任务应该来源于学生的真实生活，以激起学生的共鸣。

在设计整个教学环节的过程中，既要突出教学重难点和考虑教学内容的连贯性，更为重要的是要激发学生学习的兴趣，使学生积极地参与到教学环节中去。比如，安排学生进行写作之前首先进行小组讨论，让学生就自己感兴趣的话题相互展开交流与讨论。这种方法能够增进学生之间的情感，同时，也使课堂教学充满活力。再比如，在锻炼学生的段落类型写作能力时，可以由教师先进行案例讲解，然后小组进行讨论，教师及时将学生的讨论内容进行记录和整理，最后按照讨论的结果辅助学生练习写作。

（三）合理定位师生角色

在过去的教学中，英语教师往往处于课堂教学的主体地位，对学生进行单向的知识传授，学生只是一味接收。随着新课程标准的深入贯彻，教师应将课堂主动还给学生，让学生与教师处于平等的角色。教师合理地定位师生角色，是指教师必须组织好课堂秩序，课前做好准备，积极发挥教师的引导作用，摒弃一味灌输的错误理念。同时，在课后也应该积极辅导学生。

例如，在讲解关于"搀扶摔倒老人"的话题作文时，教师应把课堂的主动权给予学生，先安排学生进行讨论。不同的学生一定会有不同的见解，因此，教师此时应鼓励学生多多思考，同时，要他们用自己的语言来支持自己的观点。教师可以把自己当成其中一员，论述自己的观点。在这种融洽的角色定位中，学生更能自由大胆地表达自己。

（四）课外互助拓展和利用网络资源

随着计算机网络技术的发展，网络技术在课堂教学中也得到了广泛的应用，其中多媒体教室和计算机教室更是成了支撑教学的有效平台。通过网络平台，师生之间可以更为便利地分享写作资源，从而达到训练的目的。比如，电子邮件和博客等，都可以成为学生之间交流写作经验的重要手段。在移动终端快速发展的大背景下，英语写作教学的互动也可以借助微博、微信等途径。在周末的时候，教师可以设置固定时间段来组建讨论小组，就写作问题进行答疑，同时，也可以随时搜罗当下的热点话题，让学生在提高写作能力的同时，培养关心国家大事的良好习惯。

（五）大学英语小组合作写作的优势

首先，它提高了学生的写作兴趣与热情。在小组活动中，每一位学生都有自己的任务，形成了一种友好而又可以相互学习的活动氛围。互动与合作活动既调动了学生参与活动的积极性，又提高了学生学习与写作的兴趣。

其次，有利于培养学生的能力，并增强他们的信心。在整个小组活动的过程中，小组成员可以自由地热烈讨论，畅所欲言自己的观点与想法，每位同学都能够得到重视与尊重。小组讨论消除了面对教师的紧张，增强了自我表现的信心，刺激了进一步沟通的愿望。

再次，增加了学生的知识面。在教师授课的基础上，该模式要求学生自主学习、积极参与，在活动过程中，补充相应的知识和改正自己的错误。专题讨论是学生"内化知识"的过程，它使知识变得更加系统、组织结构变得更加合理、内存变得更加丰富。此外，小组活动使学生更快、更有效地理解和接受相关的新知识。

最后，增进了师生间的相互信任，促进了师生的和谐关系。在互动式教学中，教师与学生形成了亲密的合作伙伴关系。教师随时观察小组讨论，帮助学生解决难题，创建一种轻松愉悦的学习环境。

在以小组合作为主的互动式教学模式也存在着潜在的问题，那便是耗时耗力。教师必须付出大量时间，来保证小组活动各项任务的顺利完成。学生必须腾出更多的时间收集各种活动所需的各种信息。此外，评估工作也需要师生们共同的努力。

第四节　互动式大学英语写作教学的反思和启示

通过对互动式大学英语写作教学的教学现状、教学方法以及教学应用等情况的相关研究能够看出，目前互动式大学英语写作教学存在一些问题，阻碍了大学英语写作教学工作的开展，这些问题令人深思。

一、互动式大学英语写作主要教学法的反思

传统的大学英语写作教学法主要是成果教学法、过程教学法和体裁分析法三种，在我国大学生英语写作教学中起着积极的作用。传统的英语写作教学方法强调学生要注重语言知识的写作，要注重写作技巧，强调模仿是写作的方法之一，相信学生可以通过有意识的模仿范文和背诵范文提高

写作能力。然而，没有一种理论是十全十美的，我们应该对它们进行客观的评价。

成果教学法的重点是在写作成品上，强调语言的正确性、作文的结构和质量。经过实践，许多国内外的第二语言教学工作者认为，成果教学法收效甚微。因为，这种写作教学法没有注意到写作过程自身的复杂性，也没有意识到学生在写作过程中可能遇到的困难，并且在整个过程中，学生都是在教师的完全控制下进行写作的，没有自由创作的空间，导致学生只在乎分数的高低，写出来的文章常常是结构生搬硬套、内容空洞无物、表达平淡无奇。教师要理解和考虑写作是一个连续的过程，即教师应该帮助学生发现实际写作过程中存在的问题并克服困难，而不是只专注于成品。同时，在批改作文的过程中，教师评判的主要根据是词汇、语法等使用是否正确。尽管教师花费了大量的时间和精力批改学生的习作，然而许多学生拿到作文后只看看分数的多少，对教师批注往往不予重视，很少有学生会根据教师的意见修改作文，导致今后依然犯同样的错误。因而，教师的反馈作用未见成效。此外，成果教学法只考虑学生的个体行为，在写作时，学生与学生之间、学生与教师之间基本没有探讨和交流写作的机会，这不利于充分发挥学生的主观能动性，也没有最大程度上体现教师的指导作用。

过程教学法强调的是写作过程，提倡学习者的相互合作。但自20世纪80年代初起，这种方法在写作教学实践中也受到许多学者的质疑，他们认为，过程教学法似乎能让学生在写作过程中自由发挥，然而在实际写作中，学生确实需要广泛积累相关词汇和有效表达的语法结构，而且语言学习本身也需要模仿，需要掌握各种写作技巧。同时，过程教学法花费的时间比较多，在平时写作课时紧张的情况下，学生往往没有足够的时间来进行各种文体和体裁的写作练习。尽管在某种程度上，过程法和互动学习有着某种共同的特点，但是，互动学习的类型多样且每个互动活动都有任务，它督促小组成员充分发挥个体潜力，更强调小组团队协作的活动，因此，更能调动各小组学生的积极性。

体裁分析法认为，英语写作是一种有规律可循的活动。通过体裁分析，学生可以了解客观世界、参与社会活动。因此，可以使学生提前掌握比较稳定的、可以依赖和模仿的文本模式，从而提高学生理解和创造新作品的信心。然而，如果教师缺乏想象力和创造力，可能会让学生觉得，这种教学方法单调、枯燥。此外，体裁分析法有使课堂教学呈现以整体语篇为中心的倾向，而且教师往往把重点放在语篇的分析与再现上，而忽视了创造性语言实践活动。再者，由于体裁种类非常繁多，课堂教学难以讲授学生在以后的生活中可能会遇到的所有体裁。因此，体裁分析教学方法存在一定的局限性。最重要的是，这种教学方法与学生自身的知识和技能相关性不大，不注重学生与学生及教师与学生之间的交流与合作，不能充分发挥学生的主观能动性，更容易使学生失去英语写作的兴趣。

以上三种主要的传统写作教学法各有其优点和缺点。因此，教师必须根据客观情况灵活运用，充分发挥这三种写作法的互补性，更好地体现其各自的优势。

二、互动式大学英语写作主要教学法的启示

今后对大学英语互动模式的研究，为进行大学英语写作教学带来了一些启示，这些启示为以后更好地进行大学英语写作教学奠定了坚实的基础。

（一）输入教学和输出教学应齐头并进

当前的英语教学片面注重输入教学，弱化了输出教学。

目前，许多高校英语教学忽视了写作教学，造成了英语教学单脚走路的局面。通过互动式大学英语写作教学研究，笔者更加清楚地认识到，输出教学跟输入教学同样重要。输入教学可以使学生积累大量的语言知识，为学生的语言输出提供了可能和保障。而写作作为输出教学的重要组成部分，可以让学生注意到自己具备的语言能力和想要表达的目标语言之间存在的差距，进一步促进学生主动积累语言知识，从而提高输入教学的效率，两者相辅相成，缺一不可。互动式英语写作教学激发了学生的英语写作兴趣，提高了学生互助合作的学习策略，增强了学生写好英语作文的信心，提升了学生的英语写作水平。

因此，大学英语教学应重视写作教学，积极开展写作教学研究，补上输出教学的短板，让输入教学和输出教学齐头并进。

（二）写作教学中要提升学生的主观能动性

在互动式大学英语写作教学中，教师和学生都是互动的主体，教师和学生在教学中的关系是相互平等的，并互为主、客体。教师和学生在交往和互动中相互学习、相互促进、相互影响，既可以充分发挥教师的教学积

极性，又能够充分调动学生的学习积极性。教师不要以权威者自居，要凸显学生在英语写作教学中的主体地位。特别是在小组合作学习中，教师要充分相信学生，放手让学生参与讨论、交流，不要担心学生会失去掌控，只要合作学习小组分组合理、明确，又有完善的评价体系，学生一定会顺利地完成写作任务。在整个写作教学过程中，教师充当设计者、组织者、合作者、指导者、帮助者和促进者的角色。

（三）写作教学应多关注学生的写作过程

在写作教学过程中，应强调交互学习、协商合作和即时监控。学生每一次的英语写作都要经过写前准备、写作和修改这三个阶段。教师要注重生生互动的质量，切实发挥小组合作学习的作用。同时，教师要给予学生必要的帮助和支持，特别是要给学生的习作进行及时反馈，最好能进行面批，鼓励学生多次进行修改。尽管在教学过程中会花费教师大量的时间和精力，但是，却能实实在在提高学生的写作能力。教师教得越认真，学生的语言能力也就越能快速提高，学生也自然更加喜欢英语写作。

（四）写作教学要让学生融入更多的积极情感

语言能力是一种比较隐性的能力，在写作教学过程中，教师要注重培养学生融入更多的积极情感，让学生把这种隐性的潜在能力转化为实际的运用能力，从而帮助学生积极主动地发展语言表达能力。老师应创设宽松的写作教学氛围，营造和谐的师生关系和生生关系，要用学生亲切、熟悉、喜欢的话题作为写作教学的突破口，充分发挥他们的想象力和表达欲望，要鼓励学生多写英语作文。在写作教学过程中，对于学生出现的问题和错误，教师应该给予更多的理解和宽容，尽可能地多发掘学生的闪光点。评价学生的习作要以鼓励为主，多树立榜样，多提供展示写作成果的机会和舞台，让学生看到进步、看到希望，激发他们的写作动机，让他们体验写作带来的成功和喜悦，从而增强学生学好写作的自信。

英语写作教学是难点，要提高学生的写作水平，需要师生双方的共同努力，在新课程要求的大环境下，老师应当扬长避短，发挥现有优势，与时俱进。

（五）写作教学与阅读教学相结合

既然大学英语写作没有开设专门的课程，那么就可以发挥课堂优势。传统的英语教学注重培养学生的阅读能力，而写作教学与阅读教学是息息相关的,大量的阅读有利于增加信息量,有利于语感的培养和对各种文体的认识,这些都是写出一篇好的作文所需要的。英语写作能力一般要求学生能简要地描述个人经历的事情、读过的故事、看过的影片、喜怒哀乐等情感;能就一定话题或提纲在 30 分钟内写出 120 词左右的短文,要求内容完整、用词恰当、语篇连贯;能在一般写作或应用写作中,恰当地使用各自的写作技能。这些都离不开阅读能力潜移默化的熏陶和培养。教师通过对精读教材上各种文体语言、结构的分析,帮助学生树立良好的语言、结构的构思习惯。对于一些结构严谨、语言优美的段落,要求学生朗读背诵并能灵活运用。要求学生坚持用英文写周记,先从日常生活所见所闻所感写起,使学生觉得有话可写,不至于无法下笔。在写周记的初始阶段,应鼓励学生畅所欲言,不要害怕犯错误。这时,不提倡教师过多批评指正,以免打击学生写作的积极性。由于大学英语等级考试作文采用总体评分的方法,因此,在日常的训练中,应当要求学生注重整体内容和语言的统一,做到表达连贯流畅。平时将英语写作训练与大量的英文阅读相结合,不仅能培养语感,而且能让写出来的文章言之有物、内容丰富。大学生应扩大课外阅读量,先从一些浅显易懂的国内英文报纸和杂志看起,例如《21 世纪英文报》《中国日报》《英语学习》《英语世界》《英语自学》《英语通》,等等。再根据个人学习能力,过渡到原版英文读物。如英文原版小说或外文杂志,比如《时代周刊》《新闻周刊》等,从而达到英语写作能力的更高要求。

(六)开拓网络写作课堂并提倡学生个性化学习

鉴于我国高校大学生人数迅速增长和可利用教育资源的相对有限,教师应当充分利用多媒体、网络技术发展带来的契机,采用新的教学模式,积极开拓网络写作课堂。教师制作出系统的大学英语写作课件,有利于学生的自主化学习。各校可根据自身的条件和学生情况,设计出适合本校情况的基于单机或局域网以及校园网的多媒体教学模式,有条件的学校也可直接在互联网上进行英语教学和训练。新的课程要求出台后,要求所有的听说训练都在网络或计算机上进行,全国 180 所高校参加了教学改革试点工作,依托网络和计算机基础的新的英语教学体系也初步建立。大学英语写作教学可以此为契机,大力开拓网络写作课堂,提高学生写作能力。学生可以充分运用网络上的学习资料,了解各种应用文的写作格式,了解各种文体的写作技能。根据新的课程要求,学生可以根据需要,在校园网上随时随地地学习，或在教师指导下，根据自己的特点、水平、时间，选择合适的学习内容，即进行个性化学习，从而达到最佳学习效果。在写作方面，如果学生达到了较高要求或更高要求，那么，他们与外界的沟通能力就强，日后的学习与工作就愈加如鱼得水；对于只达到一般要求的学生，个性化学习能增强他们的自信心，能提升他们的学习积极性，从而制订出适合自己发展的学习目标和计划。

（七）批改作文形式多样，并且建立有效的反馈机制

大学英语教师教学工作繁重，作文批改耗时久，学生不能及时得到反馈，这是造成目前学生写作水平低下的一个重要原因。教师批改重点通常在语法纠错上，往往忽视学生作文中的闪光点，久而久之，学生或失去了写作的兴趣，或语法错误减少了，而内容结构却是干巴巴的，没有光彩。为建立有效的作文批改反馈机制，教师可采取多种形式：第一，教师亲自批改、讲评，再让学生改写，使学生有改正提高的机会。第二，以学促学。把学生分为若干小组，每组学生就作文进行讨论、批改，有争议的地方咨询教师。这样，可大大提高学生的积极性，达到互相学习、相互提高的目的。第三，学生助教制。有的学校在四级备考中，为减轻教师工作负担，从英语专业学生中挑选出一些成绩优秀、工作负责、写作能力佳的同学给每个班的大学英语教师做助教，职责是批改作业。如果教师没有足够的时间对学生的作文进行全批全改，就可以部分地让助教批改并记录学生写作情况，书面报告给任课教师。第四，个别交流。学生可以以任何形式与教师交流，包括网络沟通，如电子邮件、BBS 以及 QQ 等。

（八）注重语言知识点的积累，培养良好的写作习惯

要写出一篇地道的英语作文并非易事，许多学生常在时态、词性、单词拼写等方面犯错。比如，表达"随着……的发展"的词组是"with the development ...of"，而许多学生却常常把介词"with"写作"by"或"as"。中文式表达也比比皆是，如表达"依我个人所见，（这事）有好处有坏处"，不少同学表达成"in my opinion, there are good and bad"。更有许多同学句法混乱，一个单句中出现几个谓语动词，整个句子让人看不懂、猜不着。所有这些问题都是学生语言知识点薄弱的体现。在英语学习中，学生要注意语言知识点的积累，注意英语句型的惯用表达法和词组的习惯搭配。如果将一栋漂亮的房子比喻成一篇让人赏心悦目的作文的话，那么，语言知

识点就是构筑房子的基本框架,也就是所谓的"毛坯房",而要建成漂亮的房子,还需里外的装修。一篇好的作文,光有正确的语言点是不够的,还需要文采,需要有说服力或感染力,这就绝非一日之功所能办到的。高等院校非英语专业本科毕业生应达到的一般写作要求,也需要从进大学校门起就努力,平时应该博览群书,做到文理相融,加强文学修养,提高文化素质。那么,在半小时之内写出 120 字左右的作文应该是小菜一碟了,剩下的就是如何做到言之有物了。

三、改进英语写作教与学的策略

为了使大学英语写作的教与学工作能够顺利地进行,笔者就教与学存在的问题提出了几点可行性建议,具体可实施的策略如下所示。

(一)克服学习英语的心理障碍

在现实的英语教学中,教师即使费了九牛二虎之力开展英语写作教学,效果也未必理想。跟"说"相比,训练"写"造成的心理压力要小得多。自我形象是人人皆有的情感特征,在与人交往和做事的过程中逐渐树立起来,它是一个人对自己能力的信心和评价。在青少年时期,生理、认知和情感的变化逐步形成了具有自我保护性能、抵制外部威胁的心理屏障,用以排斥那些威胁个人自我形象的经历和感受。跟他人在一起说外语,出错或发音不好会令人感觉难堪、损害自我形象,学习者会本能地通过沉默来保护自己,拒绝多说。

此外,在中文的语言环境下,一般学习者使用英语进行交际的需要极少,学生普遍认为用母语表达思想更便捷,要求他们多说外语,实在"勉为其难"。许多大学生认为,写的东西可以不用拿去跟人交流。教师应尽量鼓励和发挥学生的才能,帮助学生改善自我形象,激发学生写作兴趣和动力。

(二)运用特殊方法提高写作水平

相关的研究成果表明,语言不是写作难的决定因素,语言水平高和写作技巧熟练不一定成正比。因此,教师在教学生练习写作时,不提倡在写作的初始阶段,就将语法、组织结构、标点和词汇等,列入学生应考虑的范围,这样做并不是因为它们不重要,而是因为时机尚未成熟。过程写作法并不是在牺牲语法、句子结构、标点和词汇学的基础上挖掘题材,而是把这些技术工作放到文章的修改阶段来进行。

（三）以写促学

第一，有效地促进语言知识的内在化。根据可理解输出假设的内容，包括写在内的语言产生有助于学习者检验目的语句法结构和词语的使用，促进语言运用的自动化，有效地达到语言习得的目的。当学习者用英文表达意思时，不得不主动地调用已学过的英语知识，斟酌语法规则的运用，琢磨词语的搭配，掂量词句使用的确切性、得体性。通过写作，语言知识不断得到巩固并内在化，为英语技能的全面发展铺路。

第二，课内布置，课外写作。教师可安排学生每周写一篇作文，字数不限，越长越好，以量促质。每名学生可准备两个作文本，交替使用，每次上课结束时交一本，供教师评阅。为防止抄袭，除明确告诉学生要独立完成作文外，巧妙设计作文任务也有助于避免抄袭的发生。例如，可选择一个故事，抹去结尾，让学生续写。根据学生的多次写作表现，抄袭的情况一般很容易发现。

第三，优化改错策略。每周挑选一两篇优秀作文在课内集体评阅。在课堂上评阅作文时，教师跟学生一道充分发表自己的见解，从构思、谋篇布局到语言运用等方面充分肯定作文的优点，使学生多接触正面的内容，看到自己的差距，明确努力的方向。最后，可试用一两篇质量较差的作文在课堂上讲评，专门分析语言错误，以防类似错误再次发生。

对学生作文中的语言错误，教师应采取宽容的态度，不改或少改。在课堂上只针对集体评阅的优秀作文做一点错误分析，或将明显带有普遍性的错误记下来，在课堂上稍做解释，重点放在肯定学生作文的优点上。采用打"√"的办法或使用简单的评语如"Excellent""Good""Right""OK"等，标出准确的用词、精彩的句子、思想的亮点等。这样做，对学生而言，保护了他们脆弱的信心，激发了他们的进取精神，增强了他们学习英语的动力。对教师而言，批改变得容易、省时，因为认可优点比改错要容易许多。多改错的最大害处是挫伤学生的学习积极性。从理论上讲，双语习得者的语言属过渡性质，在不断发展变化中自成体系。从学习者的眼光看，它是合法的语言，无对错之分。学生犯错是进步的阶梯，是不可避免的。通过语言的大量正面输入，随着英语水平的不断提高，许多错误会自行消失。学生得到足够的写作锻炼之后，再适当精讲一点英语作文法。学生以多写为主，在写的过程中悟出写法，课堂上尽量少灌输作文技巧。这样会少些条条框框，鼓励他们大胆地写，写出信心，使学习和创新的潜力得到充分发挥。

（四）应用母语正迁移作用，培养写作能力

教育心理学原理指出，迁移是一种学习中习得的经验对其他学习的影响，即一种学习对另一种学习的影响。迁移现象广泛地存在于学习过程之中，因为新的学习总是建立在原有学习基础之上的。因此，使学生具备迁移的能力，即利用他们所学的知识、技能来成功地解决问题，就变得尤为重要了。迁移有正负之分。教育工作中常说的"为迁移而教"，就是指正迁移在教学中的应用。语言的输出过程，无论是说还是写，都是以思维为基础。母语思维无疑就成了双语学习过程中人们最关心的问题。有研究发现初级阶段的双语写作中常常依赖母语思维。汉语基础的好坏，将直接影响到英语写作水平的高低。因此，要有效地利用汉语的正迁移促进英语写作水平的提高。

（五）加强英语基础知识教学

大学英语课程教学大纲对书面表达能力的一般要求是：第一，能就一般性题材，在 30 分钟内写出 80 至 100 词的命题作文。第二，能填写和模拟套写简短的英语应用文，如填写表格与单证，套写简历、通知、信函等。词句基本正确，无重大语法错误，格式恰当，表达清楚，并且正确使用所学的词、词组和句型。第三，语法及标点使用正确，句子结构完整。第四，句子意思清楚，符合逻辑顺序。第五，注意连贯性，正确地使用连接手段。如 first，second 等，正确套用或使用常见的应用文格式。从中可以看出，语言基础知识的掌握和写作能力的提高有着必然的联系。因为短文写作是一项产出性的、语言运用能力的体现。其中，包括对词汇、句法的运用，以及使用英语的准确性、流利性等。因此，只有加强语言基础知识教学，打下坚实的语法基础，才能脚踏实地提高写作水平。

（六）提倡并鼓励"写长法"

传统的写作教学方法主要是"学生单独写作、教师单独评阅"这样一种单向交流的模式，忽略了写作前、写作中及写作后师生的一系列交互、协商、监控等主观能动作用。学生在整个写作过程中颇为被动，缺乏写作信心、动机和真正的交际目的，其写作能力之低便可想而知。过程写作法视写作为交际活动，注重写作的过程，强调作者通过写作过程中的一系列交互、协商活动，提高写作能力。王初明教授倡导的"写长法"，提倡"以写长作文打开学习者的情感通道，增强学习者的写作信心，全面带动其英语听、说、读能力的提高"。

（七）正确对待写作中的错误

老师应正确对待学生写作中的错误，适度纠错，以减轻学生写作的焦虑，培养其写作兴趣。学生在写作过程中产生错误是不可避免的，由于学习是渐进的，有些错误只是暂时的，因此，教师要善于启发、引导学生自己去发现错误、分析错误、纠正错误。同时，教师要综合分析学生的错误，了解错误产生的原因，帮助他们分析错误，开展有针对性的指导，并且还可以对学生普遍存在的错误在课堂上进行详细的解释说明，尽量避免面对面纠错。另外，教师也要注意纠错的具体性，对学生的语言错误做具体分析，说明为何出错，加深他们对语言内容的理解，保证错误得到及时纠正。教师还应该鼓励学生从惧怕出错的心理障碍中解脱出来，为他们创造一个轻松的写作气氛，激发其写作热情。通过这些写作策略的指导，不仅能提高学生的语言意识，增强其语感，而且还能不断改正学生自身的错误，提高其写作水平。

第三章　大学英语阅读互动式教学法

作为英语的核心组成部分，英语阅读教学在整个大学英语中起着至关重要的作用。因为阅读教学包含的内容不仅仅涉及"读"，也涉及阅读方法的掌握、阅读兴趣的提高以及阅读与听力之间的有益衔接，对于写作部分的提高也有直接的影响。所以，大学英语阅读教学对于课堂效率和学生习得程度的要求也日益提高。纵观多种教学法，能够应用并适用于大学英语阅读教学的并非全部。而与此同时，大学英语阅读教学也存在着不同方面的问题，如学生的注意力无法长时间集中，学生对于所阅读内容的认知不够清晰，对于阅读方法的掌握尤其薄弱等，都成了大学英语阅读课堂中的难题。只有当这些困难得以解决后，学生的习得能力才能达到真正意义上的提高，而阅读课堂也才能焕发新的活力，从而提升教学效率和学生习得能力，从而达到学生英语课业水平的提高，促进我国教育事业的蓬勃发展。因此，要找到一种适用于大学英语阅读教学的教学法，使其渗透到教学之中，促进教学发展和学生习得能力的提高。将互动式教学法应用到大学英语阅读教学之中，通过师生互动、生生互动等方式，来提高学生习得兴趣，以积极的方式强化学生认知，从而提升课堂效率，并促进学生习得能力的提高，使大学英语阅读课堂发挥更大的优势。

第一节　对阅读过程的认识

由于许多人在阅读教学过程中，对阅读过程本身的认识不够准确、深刻，所以笔者首先详细阐述了阅读和阅读理解的定义，以及阅读理解过程的实质是互动。其次明确了阅读教学的目的是提高学生的阅读理解能力；培养学生假设判断、分析归纳、推理验证等逻辑思维能力；培养学生快速阅读的能力及阅读兴趣；增加学生的文化背景知识。

一、阅读和阅读理解的定义

　　心理语言学家、阅读模式研究者古德曼指出，阅读是一个选择的过程。阅读本质上是外部引导的思维过程，包括预测、选择、检验、证实等一系列认知活动，有效阅读并不依赖于所有语言成分的精确辨认，而在于能否用输入信息中尽可能少的线索做出准确判断。古德曼的这一定义充分说明，在阅读过程中，读者是积极的参与者，强调读者的主体性。

　　弗朗希斯·格莱利特提出，阅读就是尽可能高效地从书面材料中获取所需要的信息。格莱利特的这一定义，则强调读者意义的获得性。

　　我国学者也对阅读做出过定义，认为英语阅读是一种复杂的心理和生理过程，它要求学习者凭借自己的阅读能力，领会作者通过语言符号所表达的意图，使这些符号意义化，从而达到与作者的思想沟通。

　　显然，语言学家和心理学家对于阅读的定义，不尽相同。但是，我们可以从他们的定义表述中确认，阅读本身不仅是一种语言活动，而且还是一种思维活动，是把语言符号通过心理认知转换为思维符号的复杂过程。究其实质，阅读就是从书面材料中提取和加工相关信息，从而尽可能准确、高效、全面地获取阅读材料的信息和意义。

　　阅读是人类的一种基本语言技能，是有效地从外界获取信息和知识的重要途径。但是，在不同的场合及语境下，不同的人对阅读这一概念的理解和诠释也存在着分歧。例如，在医院，护士在给病人测量体温时，需要准确读出温度计的度数，这里，"读"即有"观察"之意。在课堂上，英语教师会要求学生大声朗读单词和课文，这时，"读"可以被理解为"掌握正确的读音"和"朗诵"。在英语测试中，被测试者要求先读文章再回答问题，这时的"读"则有"理解、明白"之意。因此，在不同的语言场合和语境下，阅读的含义会随人们行为目的的改变而改变。但是，从一般意义上讲，阅读通常指阅读文章，了解作者的写作意图，并从中获取信息。也就是说，阅读是读者对阅读材料中所蕴含的信息的一种解码，是把新信息和自己已有的经验和知识联系起来，进行加工、理解的过程。

　　阅读可以分为三个层次，字面阅读、推理阅读和形象阅读。

　　字面阅读是对阅读的最基本要求。推理阅读则指读者能依据文章的细节材料推测出作者的言外之意、弦外之音，根据字面意思进行必要的推理和推论。形象阅读要求读者能将阅读材料与真实的生活联系起来，特别是与读者自身已有的经历、知识、观点联系起来。阅读应该能够激发学生的思维能力、想象能力和创造能力。阅读的层次，同时也为阅读教学提供了准确的指导，使阅读教学有了明确的目标。

阅读理解本身是一个极其复杂而烦琐的过程，它不仅要求读者能够熟练地运用自己已经掌握的知识，例如字、词、句和语法等语言形式进行表层的理解，还要求读者能够有效地运用不同的阅读策略，从文章中提取必要的知识和信息。例如，人们在求职时，会去阅读英文报刊上的相关招聘广告，这与医学专家为从事医学科学研究而去读外文医学期刊和医学著作时采用的阅读方法大不相同。前者只需浏览相关广告，跳过诸多不相关文字，阅读相关的有用信息即可。而对于后者来说，仅仅理解了医疗科技文献的表面意义，还是远远不够的，还需要读者做更进一步深入的理解、分析，甚至是调查、假设、推理及论证。

阅读材料是信息的重要载体，作者通过英文文本材料作为媒介向外界传递信息。同时，阅读也是读者借助材料提取信息，再进行信息加工的过程。但是，我们还应该看到，阅读理解本身具有不确定性。《易经》所谓"仁者见之谓之仁，智者见之谓之智"，西谚所谓"一千个读者有一千个哈姆雷特"，讲的都是阅读理解的这种不确定性。而对于相同的英文文本材料，不同的读者也会根据自身情况，使用不同的方法和技巧，去获取他们自己所需要的信息，从而进一步用自己已有的经验、知识储备对信息进行再加工，产生自己独特且个性化的思维成果。此外，对文章的理解和分析，还会受到读者自身阅读能力水平、文化知识水平、政治背景、社会地位及身份和阅读目的等多方面因素的限制。

二、阅读理解过程的实质

关于阅读的本质，长期以来，一直存在这样的观点：阅读是一种从印刷的或书写的语言符号中取得意义的心理过程。阅读是读者从书写的或印刷的书面材料中提取意义或情感信息的过程。俄国作家赫尔岑对于书的看法，也可以看出其阅读观。他说："书——这是这一代对另一代精神上的遗训，这是行将就木的老人对刚刚开始生活的青年人的忠告，这是行将去休息的站岗人对未来接替他的站岗人的命令。"这里的"遗训""忠告"和"命令"都是一种互动语和知识的传递，但在他看来，长者的"忠告"早已经存在于书本之中，传递是单向进行的，并且在传递过程中，作者充当长者身份，在进行主动单向的传递，而作为接班人的读者，也只能被动地接受。

高夫（Gough）在19世纪中叶提出了著名的"自下而上模式"。该观点认为，阅读材料是信息的输入渠道，阅读者首先从辨认字母和单词开始，不断进行信息的加工和组合，最终完成阅读活动。这一模式尽管说明了阅读过程中的某些环节，但是，阅读是一个极其复杂的过程，由于该模式把阅读这一复杂过程过分简单化，即过多地侧重于阅读过程的低级阶段，"忽视了一系列影响阅读过程的语境因素，把阅读过程当作一种纯粹的语言知识的应用活动"。而在此活动过程中，读者被看成是被动地接收信息的个体，只是利用视觉信息自下而上地对文章的字、词、句、段进行解码，词汇、语法等语言知识被视为理解的决定性因素，其相应的教学模式也就自然地是以教师讲解为主，以"说文解字"的方式，从词汇、语法入手，进行词义辨认、结构分析、难句翻译等一系列语言形式的教学活动。

从理论上，我们可以看出，传统意义上的阅读观，在阅读的本质上更倾向于认为，阅读过程是主体对客体单向提取信息从而获得意义的过程。因此，传统的阅读理论认为，英语阅读是一个非常精确而复杂的过程，是对大、小语言单位的详尽而精确的感知和辨认。而意义却独立地存在于文章之中，读者只能通过阅读材料中的词汇、语法和习惯用法等语言形式来理解文章，理解变成了简单的信息组合。这种自下而上的阅读模式，主导了早期的阅读教学活动。因此，在很长一段时期里，阅读被看成是纯粹的线形语言的信息解码。英语阅读教学，在很大程度上，停留在较低的语言层次上。这种阅读教学也没有激发学生参与的积极性与主动性。

美国心理学家古德曼认为，阅读是一场心理猜谜游戏，是思想和语言之间相互作用的过程。他将阅读看作一个心理语言过程，并提出了一个心理语言学的阅读模式，称为"自上而下模式"，即在阅读理解过程中，阅读者根据本人大脑中已有的句法知识和语义知识，对阅读材料进行预测，并在阅读过程中不断加以证实和修正，分为取样、预测、验证、肯定或修正四个阶段。根据这一模式，阅读活动实际上是一种语言知识的实践或实现。

到了20世纪70年代，鲁姆哈特吸取人工智能研究领域的最新成果，提出了"相互作用阅读理论",他认为阅读理解过程实际上是一个多种语言知识,包括文字、词汇、句法和语义等知识之间复杂的"相互作用"过程,任何一种单一的语言知识都不能促成对阅读材料的真正理解。

可以看出,现代阅读理论的共同特点,就是把阅读理解本身看作一种复杂的为人类所独有的心理语言过程,是读者的智力和思维,以及知识(包括非语言知识)对文字意义的消化加工过程,现有的书面信息和读者大脑中已经具有的知识的相互作用和有机结合。同时,也是阅读语境与读者之间相互作用、不断推进和发展的动态过程。阅读理解是一种极其复杂的心理活动,它需要综合调动多种生理器官及知识结构。读者先是通过视觉接受文字符号,然后经过大脑处理,将表层结构转化为深层结构,从而接近原作者的意图。人脑并不是简单地通过视觉自然地获取文章的各种信息,而是用眼睛去接收信息,最后大脑推断出该信息的含义。因此,从某种意义上讲,在阅读理解过程中,大脑的作用就像一部信息处理机,进行信息的消化、加工和处理。

互动阅读观则认为,阅读是一种读者与英文文本双向交流的互动过程,既有作者的言说,也有读者的倾听。在阅读活动中,读者总是通过作品与隐身于作品中的作者互动。他们一个是阅读主体,一个是创作主体。阅读就是这两个主体以文章为媒介而进行的心灵的碰撞与灵魂的问答。在此活动中,作者以无声的言语来展示作品的意义,等待着读者的进入。于是,这个无声的言语所形成的英文文本,便成为一个活生生的个体,出现在读者面前,与读者进行着交流与互动。在阅读过程中,读者与英文文本、与作者处于相互作用的状态之中,他们可以相互"提问、回答、质疑、反驳,肯定、否定、赞许、批评、补充、延伸等",在全方位、多角度的相互交流和互动中打成一片,成为一个你中有我,我中有你的整体,从而达成新的境界的融合。

而教学环境下的阅读,更是一种多向交流的互动活动,它因有别于个体自由阅读而成为一种特殊的互动活动。第一,学生与英文文本互动是在教师指导下朝着特定的目标而进行的,不仅只是读者与英文文本的双向交流。个体课外阅读的阅读目标常常因人而异并且多变,或为娱乐消遣,或为求知开智,或为净心修德⋯⋯但是,阅读教学中的阅读目标是相对确定的,阅读目标通常是教师根据所制订的教学计划、教材内容,以及学生的实际情况来加以确定的,而且在课堂教学过程中,教师总是在为学生与英文文本互动的顺利进行提供帮助,而且时常也参与到学生与英文文本的互动中来。第二,学生所阅读的英文文本材料是按一定教育理念与体系编写的,它不具有个体阅读的任意性与随意性。个体阅读的英文文本可以根据读者爱好、需求的不同而不同,而阅读教学中所使用的英文文本是编者以一定教育理念为指导,依照学生共性的思维发展特点所编写的。每一篇文章、每一单元、每一册都是经由编者认真分析考虑其在学习阶段的地位与作用之后精心安排的,因此,具有科学性与系统性。教师往往根据教学计划以及教学体系对教学目标进行定位,必要时做适当调整,这就使得学生与英文文本的互动有了编者甚至是教师的隐性参与。第三,阅读教学中的阅读活动是在一个教学集体中进行的,这使得互动具有多向性与丰富性。个体阅读行为是单一的,主要存在读者与英文文本之间,或无声的交流,或只是读者单个发出有声语言;而阅读教学中的阅读,除了这两种之外,还多了学生与学生、学生与教师在课堂中通过多渠道的交流,从不同方面与英文文本互动,从而加深对英文文本的认识,使互动更深入、更丰富,使阅读更灵活、更复杂。

三、阅读教学的目的

(一) 阅读的目的

从一般意义上讲,阅读的目的有许多种。有时,阅读是为了看懂文章的大意。例如,浏览报纸上的故事;有时,阅读是为了获取所需要的详细信息。例如,在文章中寻找姓名、日期信息等;有时,阅读是为了从文章中得到乐趣。例如,在报纸、杂志上阅读漫画、笑话、诗歌等。但是大部分时候,阅读是为了对文章进行一般性的理解,或者对文章进行综合与评价。正如弗朗索瓦·格雷里特(Francoise Grellet)曾概括,阅读是"为了得到乐趣,为了获取信息"。读者从阅读中获得的乐趣有多重。例如,对一种新的文化的好奇感,对文章内容的兴趣,对作者本身的兴趣,读者个人的新鲜感等。读者从阅读中获取的信息,可以分为知识型信息和工具型信息(或称实用型信息)。知识型信息,通常指给人以常识性的信息,强调其知识性;而工具性信息,则指该信息可以启发指导日常的实践,强调其实用性。

明确阅读目的,有助于学生发挥积极性和主动性。心理学家测定,一个人的学习或工作,如果缺乏积极性和主动性,其能力只能够发挥 20%~

30%。因此，要使学生的潜能得到充分的发挥，思维意识必须全神贯注到整个阅读过程，主动地、有选择地、有目的地进行阅读活动。而且，明确阅读的目的，有助于提高学生的阅读速度。因此，在教学活动中，教师要帮助学生明确阅读的目的，同时，也要让自己首先明确阅读的目的和动机。

（二）阅读教学的目的

大学英语阅读教学旨在培养学生：第一，通过阅读能够搜索所需要的信息的能力。第二，通过阅读能够获取新的信息的能力。第三，阅读理解能力。第四，从所阅读的文章中得到乐趣，激发阅读的兴趣。第五，批判式思维能力。根据《大学英语教学大纲》，大学英语阅读教学更强调提高学生的阅读理解能力；培养学生假设判断、分析归纳、推理验证等逻辑思维能力；培养学生快速阅读的能力及阅读兴趣；增加学生的文化背景知识。

第二节 构建互动式英语阅读教学模式

当今世界，国与国之间交流与合作的基本形式是互动，而不是对抗。因为对抗解决不了分歧，只有互动，才能消除彼此间的误解，才能维护整个世界的和平与稳定。互动已成为当今世界的主旋律。作为充满人性化活动的教育，必须对此做出回应。这就要求在教学实践活动中，注重培养学生的互动精神，让学生学会沟通与合作，以促进其主体性的完整建构和人格的全面成长。互动式阅读教学涉及的互动层面很多，要想成功地进入互动状态的阅读教学，在实际教学过程中，有效地构建并实施互动式阅读教学模式，就要首先建立起平等、真诚和互相尊重的师生和生生关系，师生、生生之间互相尊重，以学生为主体进行英文文本互动。在此基础之上，可以实施教师与英文文本、教师与学生、教师与自我、学生与英文文本、学生之间，以及学生与自我的互动模式。

一、互动式阅读教学实施的条件

（一）平等的师生和生生关系

要想顺利实施互动阅读教学，就必须建立新型的师生关系，即平等的师生关系。因为平等才是人与人之间的互动顺利进行的前提条件。互动应该在两个平等的、能沟通的主体之间展开，没有平等与沟通这两个前提，就不能展开互动。巴赫金的互动理论本身蕴含着平等观念的价值预设。他认为，差异作为互动的前提之所以存在，是因为构成互动关系的各个主体具有独立性，只有具备了这样的独立性，才可能形成主体之间平等的相互交流关系。后现代课程观认为，教师是"平等者中的首席"。因此，学生是否有互动的愿望，能否积极地参与互动，关键取决于教师的态度。教师拥有平等的互动意向，是激活学生互动期望的重要前提。

（二）真诚的师生和生生关系

"在聆听中交流，在交流中探寻，在探寻中求证，在求证中解读……面对面，传递真诚的声音。"中央电视台新闻频道《面对面》栏目的这一导语，常使笔者赞叹并产生联想：倘若大学英语阅读教学能做到导语中所说的"面对面，传递真诚的声音"，则无疑是一种理想的课堂。

真诚，是师生、生生顺利进行互动的另一基石。真诚是教学有效开展的前提与基础，如果没有真诚，这个过程是无法真正实现的。教师要以朋友的方式与学生坦诚相待。在教学互动中，很可能会出现一些突发的事件和问题。面对教学中产生的问题，教学双方应表达真诚的观念和想法，言行一致。只有在真诚基础上的交流与互动，才能构成教学的基本内容，促进教学顺利进行。

（三）师生与生生之间互相尊重

苏联教育家苏霍姆林斯基曾说过："教育的核心，就其本质来说，就在于让大学生始终体验到自己的尊严。"教育专家杜威也曾说过："希望得到尊重是人类天性中最深刻的冲动。"爱默森也曾指出："教育成功的秘密在于尊重自己的学生。"著名哲学家卢梭在《爱弥尔——论教育》一书中曾大声疾呼："教师要热爱学生，学会关心和尊重学生，尽力发展学生的独立思维能力和用于创造的能力。"在联合国教科文组织正式发布的可持续发展教育实施纲要里，也明确提出了可持续发展教育的核心理念就是尊重。

尊重是人的一种心理需要。心理学家马斯洛将人的需要分为五个层次，尊重需要是在生理需要、安全需要、归属需要和爱的需要得到满足后的一种需要，比它更高一层的是自我实现的需要。人的尊重需要得到满足，就会自尊、自信、自强，反之，就会导致沮丧和自卑。

课堂教学是在一个几十个人的集体中进行，不同的学生对同一个问题有不同的观点，大多数学生都渴望自我表现。可能有些学生的想法非常幼稚或者片面，但教师绝对不能打击他们，要保护他们的尊严。这毕竟是学生自己动脑筋想到的，教师要耐心地倾听，为尊重他们而倾听。教师一定要有倾听不同声音的度量和耐心。同样，也要使每个学生都明白："一个人既要做一个善言者，也要做一个倾听者。说话时，使听众注意力集中是一门学问；听话时，集中注意力于说话者，更是一门学问。因为前者是一种才能，后者是一种德行。"

（四）以学生为主体进行英文文本互动

英文文本的意义来源于两个方面：一是英文文本本身，一是读者的赋予。英文文本本身具有一种潜在性，它是读者在阅读时实现意义的前提条件。这种潜在性就是文学作品中的"不确定性"与"空白"。正是由于作品意义的不确定和空白，促使读者去寻找作品的真正意义，从而赋予他参与作品构成的权利。如果没有读者，英文文本即使具备这种潜在性，它也只是英文文本，毫无意义可言。任何英文文本都存在着不确定和空白，因而它具有一种特殊的动力性和开放性，这决定了在阅读活动中，必须靠读者运用自身的经验和想象力去发现、挖掘和领会。英文文本的意义是英文文本与读者相互作用的产物，它并不是一个定量，而是一个变量，它始终是因人而异，得到一个唯一的解答意义，是不可能的。作为阅读英文文本的读者，教师要让他们积极参与到英文文本的阅读当中，只有自己阅读，英文文本的意义才能建构出来。否则，英文文本就没有什么意义可言。而且英文文本的意义并不是单方面决定的，学生也是参与意义生成的不可缺少的力量，要让学生创造性地去阅读，因为学生是阅读英文文本的主体。

二、构建互动式阅读教学的主要模式

在大学英语阅读教学中，互动应该是多层次、多方位进行的。在教学环境下，教师与英文文本、学生，以及自身展开互动与交流。而在学习环境的支持下，学生通过与英文文本、教师、同学，以及自身等展开真实地、开放地互动，来体验、理解言语作品的真正意义，丰富自己的认知结构，提升自己的审美判断能力以及批判性思维能力。根据实际教学情况，大学英语互动式阅读教学可以有以下几种主要模式：教师与英文文本的互动、教师与学生的互动、教师与自我的互动、学生与英文文本的互动、学生之间的互动以及学生与自我的互动。

(一)构建教师与英文文本的互动

教学英文文本是指在教学沟通的过程中产生和接受的,可以视为会话英文文本和读写英文文本,以及互动英文文本和独白英文文本的总体。这种教学英文文本,是教师与学生一起合作创造的极其复杂的产物。其中,包括课程改革指导纲要、学科课程标准、教学指导用书、教科书以及教师的教案等。这里所指的英文文本主要是指教科书中的所有材料。而教科书仅仅是教学英文文本中的一类,它们是供师生学习和研究的、既成的读写英文文本,现指教师所需教授的内容,可以是一段互动,也可以是一篇文章。传统教师的备课方式,仅仅是根据教师参考书来分析英文文本的结构和语言点,在使用这种备课方式的过程中,教师会畅通无阻地获得他(她)所需要的信息,但这一方式所带来的弊端就是教师缺乏"思考"的环节,也就是不能从根本上透彻地分析和理解"英文文本"所需传达的信息。而互动式教学,则倡导教师与英文文本进行互动。

1. 教师与英文文本内容的互动

这既包括传统备课的内容,即文章的结构与语言点,另外,还需要教师对英文文本的俗语、典故,以及写作背景、文化背景等进行充分广泛的了解。正如我们平时所说,"教师要想给学生一杯水,自身必须有一桶水"。教师只有在充分、完全地收集并了解相关的拓展内容后,才能自如地传授给学生。除此之外,教师还应该对英文文本进行语篇分析。例如,教师可以发出这样的提问:"为什么如此转折?""为什么用这句话回答?""逻辑顺序是什么?"等。这些都是教师参考用书上没有的内容,但却是教师应该掌握的知识。

2. 教师与英文文本作者的互动

教师在备课阶段应该有这样的疑问:"英文文本的作者是谁,具有什么样的教育背景,作者所需要传达给读者的最主要信息是什么,作者是通过什么手段、方式从而一步一步揭示自己的写作意图的,作者为什么要传达这样的信息,最终目的是什么,作者的观点是什么?作者为什么会有这样的观点?"等。只有这样层层地质问之后,教师才能对文章有根本性的把握。大学英语课堂与其他学科的课堂相比,有其特殊的地方,因为它的英文文本很多都来自地道的英语国家。因此，就必不可少地涉及许多西方的文化，而中西方的文化又存在很多差异，所以，教师在授课过程中，必须特别注意英文文本作者的观点和看法。更需要注意在课文的讲解过程中，如何巧妙地掩盖自己的观点，以防止自己的观点影响到学生观点的形成。这样才能充分发挥学生的主观能动性，通过对知识的深层加工，最后将其转化为自己的观点。经过这样的问答过程，教师对英文文本的把握就从框架的客观层次提升到了观点的精神层次，更进一步地掌握了英文文本的信息，使自己的课堂教学更加游刃有余，从而在学生心目中形成了一定的信任感。

3. 教师与英文文本编者的互动

当前，大学英语教科书中的入选篇目都十分的新颖和前卫，能灵敏地反映出教科书编者的指导思想，体现着大学英语改革的方向。教师应积极思考这些英文文本入选的可选性和必选性，即本篇英文文本具备了编者哪些想要的内容，又具备了哪些不可缺少的、独特的内容。编者为何把该英文文本安排在此书，与整本教材的逻辑关系是什么？是否起到了承上启下的作用？这些提问能帮助教师了解、推敲英文文本值得学生学习之处，以及该英文文本在贯穿知识点方面所起的作用，从而使教师更加准确地使用教材。

（二）构建教师与学生的互动

在整个互动教学过程中，教师主导作用和学生主体作用的发挥都是极其重要的，因为二者直接影响到教学效果。而教师和学生在教学过程中不是独立的个体，而是相互作用的整体。师生关系融洽、配合默契，将直接会提高英语课堂教学效率、活跃课堂气氛、激发学生学习英语的兴趣。那么，如何才能培养和谐良好的师生关系呢？科学性、人性化的互动教学模式将会起到一定的积极作用。具体方式包括：

1. 课前互动

教师若想在课堂上对学生进行积极有效的教学，使教学活动顺利进行，从而收到良好的教学效果，必须在课前进行充分详细的备课。除了以上提到的教师要与英文文本的内容、作者以及编者进行互动外，教师还应该积极地在课前与学生进行互动。通过互动，了解学生的兴趣及爱好、学生对英文文本的大致理解程度、班级学生的整体平均水平以及学生对教学的预期要求等。

2. 课上互动

情感体验是教学动力机制生成的必要前提。"情感是人对客观事物的一种态度，反映着客观事物与人需要之间的关系"。学生在英语学习过程中，会有各种各样的情感。有的表现出喜欢和热爱，有的表现出反感，甚至拒绝。教学过程中，学生积极的学习态度是英语教学成功的关键。正如斯特恩（Stern）所说，"情感成分对于语言学习的作用至少不次于，往往大于认知阶段"。情感之所以重要，是因为它是学习的发动机，再好的机器，若不发动起来，便是一堆废物。情感的作用如果发挥得好，可以启发学生，调动其学习热情和积极性，解决学习过程中的心理和思想障碍。

首先，是教师与成绩优异同学的互动。这类学生通常自身就有一种优越感，觉得自己成绩好，与教师关系较近。所以教师不用刻意对他们进行太多鼓励性的互动，只需在课堂提问时经常对其发问、与其互动，并给予赞许，让他们树立良好的榜样。其次，对于成绩中等的学生，教师应适当给予鼓励性话语，促进其积极发言，充分给予表扬，激励其向成绩好的同学看齐，并带动成绩较差的同学。最后，对于成绩较差的同学，教师应时刻关注他们的课堂表现，多与其互动，对其进行提问，吸引其注意力。对于他们在课堂上的回答，只要有一点点接近或是准确，就要多对其进行鼓励和表扬。如果学生无法正确回答教师提出的问题，教师则必须通过引导和暗示尽量让学生顺利回答上问题，并给予肯定，使其保持学习的积极性，获得成功感和高峰体验。

教师在整个授课过程中，只有不断与学生进行互动交流，才能了解和掌握学生是否跟得上自己授课的速度，是否理解自己教授的内容，并对讲课速度及时地进行适当调整，保证大多数学生的听课效率。与传统大学英语教学相比，互动式教学还要求教师不断启发鼓励学生、教会学生如何发现问题，并主动提问以获取答案。通过这种方式，能使学生对问题的记忆更加深刻，逐步培养其发现问题的能力，并产生主体感，认识到自己在课堂中的重要作用，从而有效地促进教学活动的开展。

3. 课后互动

要想让学生在课堂上配合好老师的教学，课后师生的互动将会起到一定促进作用。在课堂上，教师与学生有着师生关系的明显界限，教师与学生的互动受到一定的约束与限制。而在课后，师生关系相对融洽，界限相对缓和，教师应充分利用这些时间与学生进行互动。课后与学生用英语互动有几点好处：首先，能锻炼学生较为实用的口语，并使其认识到学习英语的最终目的是交际，从而端正其学习动机。其次，能发现学生在课堂上学习英语时遇到的方法上的问题，并给予帮助，使学生掌握正确、有效的学习方法。再次，能了解学生的个性特点或特长，以便教师在课堂上充分发挥其优势，增强学生学好英语的信心。最后，通过交流能增加师生间的感情，学生会在课堂上更加配合老师的授课。特别是针对英语成绩不好和英语学习积极性较差的学生，要多与其互动，关心他们、了解他们，让他们感觉到教师对他们的关心和照顾。只有这样，这些学生才会尽力地好好学习英语，维护师生间的良好感情。这些学生成绩进步往往较慢，但在其努力过程的每个阶段中，教师都应给其以肯定与表扬，为其打气，促进其形成"良性循环"的学习效果。实践证明，这种以个人关系来促进学生英语学习的效果十分明显。

（三）构建教师与自我的互动

要理解现在的我，就要理解过去的我。自我互动在通常意义上，是指现在的我与过去的我的互动，也就是自我对过去所沉积的经验、历史、思想等的反思性理解。反思是指个体对自身内在经验和外在世界的咀嚼和回味、认识和探究，是指对一段互动的强化和升华，是一轮互动的终点，又是新一轮互动的起点。在开放的互动中，互动者与英文文本、他人的互动过程，是一个不断反思的过程。互动如果没有反思，就必定流于空泛和肤浅。互动只有成为反思性互动时，才真正具有它的深刻意义。

自我互动所需要的对自我的清晰的意识，是在与英文文本、与他人的互动中产生并确立的。在与他人的互动中，才会发现自我与他人的不同之处。自我的反思就是对自己之所以不同于他人的原因的探究、合理性的追问。通过互动关系，在人与人交流、交往的过程中，在自我反思的基础上，个体确立既不同于他人，又与他人紧密联系的关系网中的自己。

教师的自我反思内涵十分丰富，可以是对课程设计和开发的反思，可以是对课程资源选取和组合的反思，可以是对教学操作层面的反思，也可以是对自身教学观、学生观的反思。例如，教师可以树立整个互动过程的处理方式，归因分析各种意外生成，反思"最精彩和最糟糕的教学片段是什么""哪些教学设计取得了预期的效果""学生的整体反应如何""学生在教学过程中提出了哪些有价值的问题或有何创造性的发挥""如果重新设计这堂课，我将如何教"，等等。

（四）构建学生与英文文本的互动

传统的教学对于学生来说，仅仅是上课听懂教师的讲授，做好笔记，然后将所有学到的知识记入脑中。而互动式英语教学要求学生变被动学习为主动学习，能针对所学英文文本主动进行发问，在解决这些问题的过程中获取知识。当然，学生主动进行发问的能力和习惯，需要一段时间的培养，教师在初期应做好引导工作。与教师一样，学生与英文文本的互动，也可以通过以下三种方式展开。

1. 学生与英文文本内容的互动

大学生与中学生不一样，他们已经具有一定的英语基础。因此，他们完全有能力通过自学来读懂英文文本的字面意思。要想在课堂上获取更多的知识，他们必须在课前做好充分的预习来发现问题。在课前，学生通过自学，阅读英文文本，发现自己从英文文本中所能独自获得的信息，同时，也找出自己不能完全理解的难点。针对这样的难点，学生应通过小组讨论或资料查询等方法，试图解决这些难点。这将有助于培养学生独自发现问题、解决问题的能力。经过自己的努力还不能解决的问题，应该在教师的讲课过程中得到解决，这样学生的记忆会更加深刻。通过互动式的课前预习，学生对教师所需教授的英文文本内容有了大概的了解，在课堂上就会轻松地跟上教师讲课的速度，并且对全文有了总体性的把握。因为几乎每个学生都带着自己无法解决的问题听课，所以在听课时，他们就会主动捕捉这些问题的答案，有针对性、有重点地获取知识。这种方法让学生由被动变为主动，记忆会更加深刻，学习效率自然得到了有效的提升。此外，在听课过程中，学生也应该根据教师的暗示，与英文文本进行互动和提问，进而了解英文文本更深层的意思。

2. 学生与英文文本作者的互动

任何一篇英文文本都不是凭空而写的，它是作者经验的显示、心情的吐露、构思的外显。因此，每一篇英文文本都有作者隐藏其中。为此，要深入理解英文文本，学生也必须与作者进行互动。首先要了解作者写作的意图，它是要揭示一个事实，要反映一个问题和现象，还是要抒发某种情感？学生要深入理解课文，与作者进行这些方面的互动，是必要的。在此基础之上，学生还要思考英文文本的布局、事例的运用、详略的安排、语言的选取，以及写作手法方面的问题,等等。这将有利于学生进一步理解作者是如何表达出写作意图,并且学会这些方法,然后将其运用到自己的写作中去。此外,学生还要善于发现作者渗透在字里行间的观点、立场,等等。

3. 学生与英文文本编者的互动

每一个英文文本都有编者隐含其中。他们的观点往往体现在提示或练习等内容中。通过这些提示和练习,一篇英文文本的重点、难点,训练的侧重点,以及关于课文的理解,都能或多或少地显露出来。与编者互动,对于学生理解课文是有很大帮助的。学生主要应该思考并解决以下问题:编者为何要把这篇英文文本放在此处?这篇英文文本有什么特别之处?编者是想让我们接受这个观点还是反对这个观点?这个英文文本在整个知识系统里面起到了什么作用,等等。归根结底,那就是学生必须了解编者的意图,从而更加有针对性地进行学习。

(五)构建学生之间的互动

在集体中,共享意义具有非常强大的作用力,它至关重要。集体思维的力量要远远超出个体思维。语言是集体性的,语言中所包含的大多数思维与观念,当然也是集体性的。通过互动能使个体思维集中形成集体性思维。因此,学生之间的互动是形成集体思维的重要途径。不同的学生对于英文文本意义的理解,在范围、程度上存在着差异,互动则给学生交流和了解这些差异提供了机会。不同的理解,会使学生产生内部的认知矛盾。这种矛盾将会引起并促进每个学生内部知识结构的重新构建。学生与学生的互动主要有以下几种模式。

第一,课堂上教师提出问题以后,让学生进行小组合作学习。这样的互动不仅可以锻炼学生大胆地表达自己观点,教会学生如何听取别人的观点、批判别人的观点或是借鉴别人的观点的能力,还可以让学生学会如何让别人接受自己的观点。

第二,教师还可以根据英文文本,组织一些有趣的情境表演或是微型辩论赛等英语活动。久而久之,学生的口语表达能力及瞬间思维的能力将得以提高,同时,他们也可以学会与个人交流,以及与多人交流的技巧。

第三,学生一起交流对英文文本的理解。在这种互动中,学生彼此拥有他人的片段信息和观点,从而引起同样的情感与经验,产生知识,使"彼此共振"。"互动性"沟通超越了单纯意义的传递,具有重新建构意义、生成意义的功能。来自他人的信息为自己吸收，自己的既有知识和经验被他人的观点所唤起，这样就有可能产生新的思想的火花。在同他人的互动中，正是出现了和自己不同的见解，才促成了新的意义的产生。

第四，教师可以适当安排就某一问题，让持有不同见解的同学在课后进行交流。因为是课后，没有教师的参与，所以，这时学生间的互动就会缩短心理上的距离。他们会在互动中指出对方见解中的疑点，追求论点的精细化，甚至力求纠正对方见解中的错误。这样，他们彼此之间的互动就产生了大量的批判性信息。这些批判性信息，会不断地激活、调整和促进互动的前进方向和进程，非常自然地把话题引向深入，并且不断地提升互动的质量。这种批判性信息正是提高合作学习的要诀。

第五，教师还可以采取小组合作学习的模式，将学生分成若干小组，让他们在自己的小组内相互交流，理解英文文本。学生在这样的互动中，不仅需要展示自己思考的结果，为了说服同伴，往往还伴随着说明自己思考的过程、方法和策略的强烈欲望。这样，他们在互动中，不仅交流了理解的结果，而且交流了取得这些理解结果的过程、步骤和方法。这种交流会积极地促进学生对自己认知活动的反思。总之，学生间的互动气氛是极为轻松融洽的，没有慑于教师权威的单向服从。在小组合作学习中，每个学生说话的机会和时间相对增多，即使是平时较少说话或性格内向的学生，在互动活动中也显得较为随意和放松，他们不用担心语法错误，或是发音不标准而招来批评和嘲笑，而是把更多的注意力放到了意思和思想的表达上。此时，成绩较好的学生充当了学习中的教师角色，成为班级和小组学习的核心与骨干。他们"一方面，不断完善自己的实践能力，提高在团体中的自我价值感，另一方面，也通过完成任务、帮助他人或提携后生等方式，不断为团体的发展做出贡献"。他们清晰的表达是以流利的口语为基础的，这将会激发小组内其他同学在有目的驱动的情况下练习基本的口语，以促进互动的积极进行。

（六）构建学生与自我的互动

古希腊特尔斐神殿里雕刻着一句话，"认识你自己"。一个人成长的历程，既是不断认识世界的过程，也是不断认识自我的过程。与自我的真诚互动，是开启自我心灵宝库的金钥匙。自己与自己互动，乃是互动的高级形态。从互动的角度看，这实际上道出了自己同自己互动的特异形态。

哲学家也经常处于自我互动状态，有人问安提斯泰尼："你从哲学中获得了什么？"他回答："同自己谈话的能力。"同自己谈话，就是发现自己，发现另一个更加真实的自己。当然，自我互动并不神秘，并不是哲学家的专利。我们每个人都在自觉不自觉地进行着自我互动。阅读教学的任务就是使学生的自我互动自觉化、习惯化、理性化。事实上，在阅读文学作品时，学生总在进行着自我互动，内心深处与另一个自我不断地交流、斗争，从而发现自己、认识自己、评价自己、丰富自己，把自己同作品中的形象进行比照，丢弃自己的局限、偏见、丑陋、愚昧和冷漠，展现自己的热情、灵感、勇气、包容和创造。

在互动式阅读教学中，存在教师的自我互动，但最终的目的其实是促使学生进行自我互动，提高自己的思想，形成自己的知识体系，并建构自己的评价标准。自我互动往往是学生在深刻理解课文之后进行的。学生在阅读英文文本的过程中，阅读的心得和感悟与自己原有的生活积累、思想实际或情感体验发生碰撞，从而对英文文本产生顺应、同化，或者产生矛盾和疑问。这个过程就是学生自我互动的过程，也就是学生自我思考、反思，与英文文本产生共鸣的过程。

自我互动属于内部互动，发生在学生个体的心灵深处，是思想的沉淀和"发酵"。自我互动的实质是自我反思，核心是思考。互动如果没有反思，就必定流于空泛和肤浅。自我互动是在与英文文本、与他人互动的基础上的自我反思性理解。学生与自我的互动，表现在对教师讲解的思考、阅读中的思考、解决问题的思考，以及学习中的自我反思、自我安慰、自我鼓励，等等。阅读教学中，仅仅建构英文文本意义是不够的，重要的是，学生在获得英文文本意义的同时，同内心深处的自我互动，建构其自我意义，从而完成对自身的改造和转换，优化自我主体品质，完善自我。从一次富有成果的自我互动中实现出来的自我，是一个比过去更加扩大和完善的自我。

第三节　英语阅读教学中互动式教学法的实施

随着新一轮基础教育改革的深入进行和新课程的进一步实施，以发展为目标，以学生为主体的教学理念逐步深入人心。阅读教学是英语教学的重中之重，听、说、读、写的训练，虽然各有要求和渠道，但是，一个共有的凭借便是阅读教学。在英语教学中落实新理念，促进学生的发展，就必须大力改革阅读教学。"阅读教学是学生、教师、英文文本之间互动的过程"。"阅读教学的重点是培养学生具有感受、理解、欣赏和评价的能力"，这是一种综合能力的培养，要求教师在教学中"珍视学生独特的感受、体验和理解"，让学生"有所感悟和思考"，因为"阅读是学生个性化行为，不应以教师的分析来代替学生的阅读实践"。体验，就是在实践中认识；感悟，就是在感受中领悟。以体验、感悟为手段和过程的阅读教学，实质上是个体在情感驱动下的感性化的直觉性的阅读理解过程。这样的过程自然不需要"科学"的分析和理性的说教，而是需要互动、激励、交流和表现。

一、阅读教学中实施互动教学的目标

第一，激发学生浓厚的阅读兴趣和强烈的学习动机，使学生养成良好的自主阅读的习惯。变过去的"学会""苦学"为"会学""乐学"。

第二，使学生掌握科学的阅读方法，逐步形成探究性阅读和创造性阅读的能力。

第三，培养学生的自信心、责任感、交往能力、创新意识、协作与竞争能力，促进学生的个性全面而和谐地发展。

二、阅读教学中实施互动教学的原则

（一）让学生参与阅读教学的整个过程

传统的阅读教学注重的是教师一方的"动"，学生只是被动地听与记。由于学生在课堂中学习的内容主要是他人（包括教育工作者和教师等）预先选定的知识，学生未必能够体会到学习的必要性以及所要达到的目标。尤其是大学生，他们的学习行为多受直接兴趣的制约，学习兴趣不稳定，而且多数缺乏学习动机。没有要求学习的内在愿望，当然就不会产生积极的学习行为。所以，我们应该把阅读教学活动看成一种特殊的交往活动，这种活动不仅是动口、动手，更是动情、动思，把肢体的动与思想感情的动联合起来。在阅读教学中教师要尽量设置一些利于激发学生学习兴趣的活动，比如联系教学和学生实际的讨论，根据课文内容分角色朗读、表演，

再现课文情境的绘画,引人入胜的讲述,等等。学生动起来,才能实现师生与生生的互动。

(二)教师通过引导与启发,来协助学生自主建构新知识

互动教学的目的,不是使学生掌握固定的知识内容,而是让学生利用自己已有的经验去感受、理解知识产生和发展的过程,使学生头脑中的已有经验与"新知"产生相互作用。这一过程,不仅有利于实现有意义的学习,而且还有利于学生在此过程中了解到解决问题的方法,获得科学的方法和解决问题的情感体验。但是,大学生的年龄和心理特点决定了他们的知识与经验不足,这就要求教师能够在他们的"新知"与"已知"之间架起一座认知的桥梁,通过启发、引导使学生茅塞顿开,能够自主感悟、体验英文文本,并在这一过程中获得知识,学会阅读的方法和技巧,到达知识的彼岸。

(三)通过反馈和矫正,来促进学生学习和发展

我们可以借鉴一下布卢姆的掌握学习策略,其实质是进行"群体教学并辅之以每个学生所需的频繁的反馈与个别化的矫正性帮助",在保证教学质量的同时,提高教学效率。这种不断的反馈和反复的矫正,可以增强互动的效率。但布卢姆的策略的不足在于,他单纯强调外来的评价和教师对学生进行矫正。"互动"教学则主张,在教师的评价和矫正的同时,加强学生的自我反思,强调同学之间对信息的反馈,相互评价。这是提高学生阅读效率和整体素质的有效方式。

三、阅读教学中实施互动教学的策略

(一)教师与英文文本的互动策略

由于受应试教育以及传统评价观的影响,以往的阅读教学强调"英文文本权威",师生不敢越雷池一步。所以在实际的教学情境中,多数教师总是试图教给学生权威的解读结果,于是,费尽心思找来各种参考资料,仔细筛选出自认为可以教的正确见解,以便在课堂上胸有成竹地对着学生分析课文,引着学生沿着自己设计好的思路顺藤摸瓜,复诵文本或是回答教师预期的标准答案,顺利地完成教学任务。

现代的阅读观认为,"阅读是一个读者与英文文本相互作用,建构意义的动态过程"。所以,读者绝对不是消极被动的,而是阅读活动的主体。英语课程中"阅读教学是学生、教师、英文文本之间互动的过程"这一理

念，又揭示了教师与学生之间、师生与英文文本之间的精神联系，阅读行为也就意味着，在三者之间确立了一种互动和交流的关系，这种互动和交流是双向的、互动的，互为依存条件的。

现代知识观也坚持认为，教材教案等一切英文文本的意义，都具有不确定性，师生皆可对它们进行不同的诠释与解读，不断地进行界定和再界定。因此，我们追求的教学过程，就不再是永远的平衡，而是失衡再平衡；不再是一味的有序，而是无序中的有序。教学过程还其本来面目，应该是多元变通、动态生成性的。

所以，作为阅读者的教师，首先自己应该有对英文文本的独特理解。教师是要以英文文本为依据，但绝不是恭顺地全盘接受，而是与英文文本互动：倾听英文文本、质疑英文文本、解读英文文本，让自己的心灵与英文文本撞击，在撞击中受到触动，真正读出一点心得感受，使"僵死的意义踪迹"转换为"富有活力的意义"。

在阅读教学中，教师是阅读活动的组织者和引导者，他既是英文文本阅读的先行者，又是整个教学活动的总设计师。所以，教师与英文文本的互动又有其特殊的内涵：

第一，教师要吃透英文文本，开发英文文本。即教师要读懂英文文本，透彻地理解英文文本，并融会贯通，使英文文本内容内化为自己的知识体系。这样，在引导学生与英文文本的互动时才能游刃有余。

第二，教师在吃透英文文本，开发英文文本的基础上，要对英文文本进行大胆的艺术加工。因为英文文本在编写中，总有许多不尽如人意的地方。比如，有许多课文应用的周期过长，与当今的时代相左，或与今天大学生生活的世界时空距离太远，激发不起学生的阅读兴趣，难以促使学生产生体验、引发共鸣，起不到对学生的教育作用。这就要求教师对英文文本进行重新筛选。虽然英语阅读教学改革已经对这方面的工作提出了具体改进的方案，然而，教材不可能每年更新一次，这客观上需要教师在具体教学活动中做更多的工作，及时对英文文本内容进行更新和灵活处理，及时补充新的信息，保证英文文本内容与大学生经验的一致性。

比如，教授民族英雄类型的课文时，除了课文阅读外，还应印发一点当今时代英雄人物的阅读材料，甚至可以是学生身边的英雄，让学生产生亲近感。在此基础上，再围绕现实社会中出现的"雷锋不见了"的现象展开讨论与分析，就能使学生更深入地了解英雄的精神之所在。这样，经过教师对英文文本一系列的加工、转换，让原有面向一般读者的英文文本转化为符合学习者年龄特征，为他们所能接受的认知对象，把原来只适合个体阅读的英文文本转化为适合于阅读教学，适合于师生之间教育交往的凭借物。

第三，教师要敢于质疑英文文本，质疑英文文本的编写者，促进英文文本的合理编选。在新课程理念下，教师除了对英文文本进行艺术加工外，还要大胆地对英文文本提出批评和疑问。因为英文文本内容也只是某个个体对英文文本的编写和解读，所以，不可避免地存在一些失误。除此之外，还有许多英文文本意义和内容以及插图等方面的问题。面对这样的问题，教师要有不迷信、不盲从的批判和探索精神。事实上，一些教师也正在或已经做了这样的工作。教材的一次次改革，英文文本内容的一次次增删，使英文文本编写越来越科学、合理，其中的一个主要原因就是，教材的编写者听取了一线教师的意见及教改经验。目前，这种批判意识越来越受到教师及教材编写部门的重视。笔者相信，在这样的大环境下，教师与英文文本的互动必然会使教材的编写形成良性循环，也必然会促进阅读教学的良好发展。

（二）学生与英文文本的互动策略

学生与英文文本的互动最能体现自主学习的理念。学生是阅读的主人，也是阅读学习的主人，他们需要亲自参与阅读实践，获得真切体验，汲取英文文本营养，同时学会阅读。为此，老师在阅读教学中要让学生积极参与自主的阅读实践，与英文文本及作者互动，与文本及作者进行思想交流与心灵碰撞。以往的阅读教学，学生其实很少有机会"阅读"，即使有"阅读"，学生面对的往往也不是英文文本本身，而主要是"揣摩"（印证、接受）教材编写者（实际上，主要是教参）对英文文本的"分析"，以及"思考和练习"的答案，学生对英文文本缺少自主的理解。美国著名教育家杜威曾说过："在仅是教科书和教师才有发言权的时候，那发展智慧和性格的学习便不会发生，不管学生的经验背景在某一时候如何贫乏和微薄，只有当他有机会从其经验中做出一点贡献的时候，他才真正受到教育。"这段论述对学生与英文文本互动的意义是一个很好的阐述。所以，"互动"教学主张在阅读教学中，把学生与英文文本的互动放在首位。

学生与英文文本的互动，是阅读教学的重点。因此，在阅读教学过程中，教师必须保证学生独立、充分、深入地与英文文本交流，放手让学生自主、自由地探究，使学生的个性得以解放。学生实现与英文文本互动，又使得这种活动进行得更为深入生动、有效高效。

1. 让学生发表个性化的见解

现在的学生思维活跃，富有创造性和独立性，自我意识较强，希望在家庭和学校中有更多的自主权。因此，自主、合作、探究的学习方式也是他们向往的。但是，学生在求知的过程中，往往会受到原有的生活经验、知识基础和旧有思维方式的束缚，会产生一种习惯性的定势心理。这种心理会严重地限制思维发散，导致思维活动死板单一，妨碍创造性思维的发展。针对这种情况，在教学中，教师应抛开英文文本的束缚，不用固定的方法去限制学生，引导学生独立自主地发展思维，发表个性化的看法，启动发散思维活动。

学生各抒己见，在激烈的争辩中提出自己的见解，形成多向的信息交流，摆脱了思维的僵化、呆滞，打破了思维的定势和惰性。让他们畅所欲言，发挥了他们的想象力和创造力，使他们的心灵在自由的飞翔中，感受到阅读的快乐，个性得以解放和张扬。因此，教学不仅仅是认知活动，更是生命发展活动。学生进入了英文文本情境，他们联系生活与英文文本互动，使英文文本的内容丰富、立体化。

2. 让学生实现心灵的互动

"阅读是学生的个性化行为，不应以教师的分析来代替学生的阅读实践。应让学生在主动积极的思维和情感活动中，加深理解和体验，有所感悟和思考，受到情感熏陶，获得思想启迪，享受审美乐趣"。

这就是说，对英文文本的解读方式应该是开放式的、多元化的、个性化的，学生的英语素养应该在对英文文本解读的"入"与"出"中得到提升。"入"即进入英文文本，与之贴近。让学生在熟读课文的基础上，自求其意，自索其旨，与英文文本息息相通。目前，英语教材中所选的大部分课文都是文质兼美的，各有其独特的魅力。英语教师要善于在英文文本与学生中间架起一座情感的桥梁，引导学生去挖掘课文的感人之处，去感受作者的思想感情，从而让学生走进英文文本。这样以知促情，知情交融，必定会促进教与学。

如在教学山水风景的课文时，可以播放有关风景的纪实录像片，让学生直观地感受山奇、秀、险的特点和水静、清、绿的特点。学生看着绿水群山，听着潺潺的水声和讲解员的动听介绍，一定会深切感受到大自然的神奇、美妙，体会到作者观察的细致、描写的生动与形象，学得就会趣味盎然。于是可以再引导他们"走出"课文，把自己当成局外人，摆脱文章的约束，做冷静的思索。让学生自己来交流对英文文本的阅读感受，内容和形式不限，学生自由选择。这样，他们可以充分发挥自己的才能，善于绘画的同学通过简笔画来体现山水的美；字写得好的同学通过板书来反映山水的美；喜欢朗读的同学通过朗读其中的一段（句）话来展示山水的美；口语表达能力强的同学通过"当导游"来赞美山水的美……在这里，教师把原来要由老师讲解的内容转化为学生形式多样、自主生动的交流活动，有优美的图画、精心的板书、饱含感情的朗诵、抑扬顿挫的演讲。在这里，学生充分展开思与思的碰撞、心与心的接纳、情与情的交融，每一个人都能感受到创造的乐趣、成功的满足，感受到独特存在的价值，感受到心灵成长的愉悦。同时，也体现了阅读教学中学生和英文文本的互动。

3. 让学生挑战英文文本

"读的过程是读者和英文文本相互作用的过程，是读者和英文文本之间的提问、回答、质疑、反驳、肯定、否定、赞许、批判、补充、延伸的过程。"阅读教学既要引导学生认真地读书，多方面吸收营养，而又不能完全"顺应"英文文本，要引导学生敢于给英文文本"挑刺"，善于独立思考，敢于发表独立见解，不唯书是从。如此，才说得上是活读书，才谈得上是真正的阅读、学习。

学生读书而又不盲从于书，敢于为教材挑刺，充满了既求同又能求异的创新精神。当代阅读教学就是应该让每个学生都能主动地投身其中，敢想、敢说、敢疑、敢批，敢于向权威挑战。当然，学生提出的疑问，所做的探索研究，不一定都正确，更不可能都很完善，但这并不重要。只要没有大错，就应该尊重学生的认识。因为要向学生灌输一个统一的结论并不难，可贵的是学生所经历的研究、探索问题的过程以及这种敏于发现问题的能力，这种不人云亦云的独立思考和独立见解。只有这样读书，才能充分展示每个个体生命的风采。

另外，大学生搜集、组织，以及提取材料和信息相对较快，但是，学生之间存在一定差异，所以，教师在教学中要遵循大学生阅读的心理规律，给学生留出自主感受、想象、解释的时间和空间，让学生有相宜的学习的"自由度"，使学生能自由地独立或合作学习，直接面对英文文本，亲近英文文本，与英文文本及蕴含其间的情理接触、碰撞，促进灵魂的体验与探究，使阅读成为一种"悦读"，成为以积极的心态调动原有知识经验，尝试解决问题、同化新知识的积极建构过程，这样，就促进了知识、能力、习惯和情感等方面的整合。

（三）教师与学生之间的互动策略

师生互动，就是指在教学过程中，师生之间发生的一切交互作用和影响，它既指师生间交互作用和相互影响的方式和过程，也指师生间通过信息交换和行为交换所导致的相互间心理上、行为上的改变。

从现代教育的角度来看，教学过程的本质属性即师生的交往互动。没有师生的交往互动，就不存在真正意义上的教学。教育部明确提出："教师在教学过程中应与学生积极互动，共同发展，要处理好传授知识与培养能力的关系。"其实，师生互动的作用，并不是现代的教育者才意识到的。两千五百年前，我国的大教育家孔子及古希腊哲学家苏格拉底的谈话式教学，孔子所谓的"教学相长"、启发式教学，布鲁纳的反馈原则，苏联的"合作教学"等，都体现了师生互动的思想。但是他们没有明确地意识到学生是学习的主体，没有提出如何使学生主动地参与到学习活动中去的办法。"互动"教学正是继承和发扬了传统教学的优点，同时，又突破了它们的局限，在承认学生主体地位的前提下，要求进行师生间的平等互动。

1. 创设有利于互动的氛围

现代心理学认为：大学生在无拘无束的时候，在轻松、愉快、和谐的环境中，思维活跃，想象丰富，记忆力增强。反之，则思路阻塞，操作迟缓，心灵封闭，无创造性可言。因此，构建新型的师生关系，创设宽松、民主的教学环境，对师生间的互动尤为重要。

教师在思想上必须牢固树立师生平等、民主的观念。要允许学生发表自己的见解，即使见解不完整、不准确也要进行鼓励。特别是学生的质疑问难，教师更要大加赞赏、鼓励并加以引导培养。切不可因为学生的见解或问题顶撞了你，或是超出了你的认知范围，就不分青红皂白地予以否定。这样只能使学生的兴趣和热情下降，更谈不上创新、出奇了。所以，教师要学会做一个忠实的听众，学会倾听，认真倾听学生的独特见解，这样，才能营造一个自由、轻松的学习环境。

教师在教学中要善于运用教学语言。首先，要恰如其分地用好体态语。一要用好眼神。亲切自然、饱含对学生信任和期待的目光与眼神能够给学生勇气和自信。二要用好面部表情，严肃中要有温柔，多对学生微笑或肯定地点点头。三是要用好手势、走势和站势，要舒展自如，注意摆动的幅度。因为一个眼神，一个微笑，一个动作，都可以让学生感受到你的信任和支持。其次，要运用生动的、友好的、富有激励性的口头语言。比如，上海大学提出的教学用语50句就很让人欣赏，像"你们专注听讲的表情，使我快乐，给我鼓励""虽然你说得不完全正确，但我还是要感谢你的勇气""听你们的朗读是一种享受，你们不但读出了声，而且读出了情，我很感谢你们"，等等。教师在教学中如果能经常使用这些教学用语，就一定能够调动起学生学习的积极性，一定能营造出一种生动、活泼、和谐的教学环境。

总之，在教学中，教师要尊重、信任学生，耐心引导学生，要善于通过鼓励胜的语言和体态暗示，与学生进行情感沟通，缩短与学生在心理上的距离，使双方达到"情感融合"，相互产生一种愉快、热情、真挚、可信的合作欲，促使学生带着一种积极的情绪进行学习，从而优化教与学的情感氛围。这种建立在支持与信赖关系之上的"支持性氛围"，会大大提升学生学习的自主性和积极性，有利于师生间的交流和沟通。

2. 通过师生共学来实现教学相长

《艺概》云："文，心学也。"作者以生命、心灵去创作，读者同样需要以生命、心灵去解读。而且每个个体生命都是独特的"这一个"，都有其对文本的独特理解，"一千个读者就有一千个哈姆雷特"，每个阅读者都有自己心中的"这一个"。阅读教学不是要学生找到教师心中的"那一个"，而是教师和学生一起去找到属于自己的"这一个"。《语感论》中曾指出："作为心灵，教师未必比学生高尚；作为人，教师未必比学生高贵；作为读、写、听、说的言语主体，教师未必比学生高明。"所以，在阅读教学中，教师要彻底放下"师长"的架子，把所有的学生都作为自己潜在的老师来看待，本着谦虚、开放的态度，与学生展开互动。其实，教师教的过程本身就是一个学习过程，教师在讲述的时候，不断梳理思路，整合内容。而且许多教师也能发现，常常是一边讲着，一边迸发出新的想法，甚至突然有所顿悟，获得对文本新的理解，更何况在倾听学生与学生交谈的过程中，教师不断思索、判断、质疑、回答，在指出某些学生的片面错误之时，教师也可以从其他学生的答案中，反思自己片面、错误之处。所谓，"生乎吾前，其闻道也固先乎吾，吾从而师之；生乎吾后，其闻道也亦先乎吾，吾从而师之"。我们应该把这个道理扩展到阅读教学的过程中，这种"从而师之"、亦师亦友的学习与交流，正是教师与学生共同解读文本，共同进入新的境界的过程，他们亲历着文本解读的艰辛与愉悦，一起进行着自我完善。

3. 善于提问与启发创新

在阅读教学中，注重学生个性化的阅读是非常重要的，但是这并不是说，不再需要教师教了。叶圣陶曾说过："教师当然需教，而尤宜致力于'导'，导者，多方设法，使学生能逐渐自求得之，卒底于不待教师教授之谓也。"大学生由于知识与经验的缺乏，对文本往往有许多理解不到位的地方，这就需要教师在教学中正确引导，开启学生的心智，使学生在"读懂"的基础上，还能有所创新。

在引导启迪的诸多方法中，提问是重要而常用的手段之一。提问是教师输入信息、传递信息，达到师生交往、和谐共振的一条主要渠道，也是沟通学生与文本的重要媒介。教育心理学告诉我们：学生的思维往往是从问题开始。古人亦云：学起于思，思源于疑。可见，设疑是相当重要的。有经验的教师在教学过程中，总是精心设计提问，意图点燃学生思维的火花，激发他们的探索欲望，并有意识地为他们发现疑难、解决疑难提供桥梁和阶梯，引导他们进一步登上知识的高峰。教师的提问对于加深学生的理解以及促进师生互动具有决定性的作用。

但是，这里要注意不能让"互动"教学变成满堂问的"问答式教学"。这就要求教师要善于提问，在教学过程中，考虑自己教学所要达到的目标，并依据具体的教学内容精心设计提问，使提问不但可以用来组织教学、反馈教学信息，而且对于培养学生的思维能力、创造精神大有益处。所以，教师在设疑时应做到：

（1）提问要有针对性。

首先，针对性是指教师能紧紧围绕教材的训练重点、突破难点，问到关键之处。其次，是指教师能够在学生理解的关键之处，针对学生理解的偏差或不足，及时提出问题，扩展学生的思维。最后，是要考虑学生个性的差异，提出的问题应该有层次、有针对性，尽量不要求学生齐答，而是根据问题的层次，有针对性地抽不同层次的代表单个回答，以使不同层次的学生都能积极思维，各显神通，教师也可以得到可靠的信息反馈。

（2）提问要有启发性。

启发性，即教师设计的问题要能启发学生思维，调动他们学习的主动性和积极性，所谓"不愤不启，不悱不发"。教师提问过浅，则学生无须动脑，思维活跃不起来；过深，则学生无从动脑，望而生畏。教学提问只有在与学生个人努力发生共鸣的情况下，才是值得称赞的。维果茨基认为，只有设在学生最近发展区的问题，才能更好地促进学生由潜在水平转化到新的现有水平。进行阅读教学时，教师提出的问题要尽力打破学生头脑中的平静，做到一石激起千层浪，使学生的头脑积极主动地活跃起来，促进他们观察力、思维力、表达力的发展。

（3）提问要有趣味性。

趣味性，即教师设计的问题要能巧妙地激发起学生的学习兴趣。提问要富有情趣、意味和吸引力，使学生感到有趣而愉快，在愉悦中参与教学活动，达到师生互动。

（4）提问要有激励性。

激励性，即教师设计的问题要能激发学生的求知欲，形成学习的动力。对任何性格内向和胆小怯声、不肯发言的学生，不能使他们处于"被遗忘的角落"，要鼓励他们逐步培养"自我意识"和大胆、勇敢、顽强的性格。对于迟缓、表达能力差的学生要循循善诱，因势利导，使其逐步掌握学习、思维的方法。教师要根据学生的实际，用一些激励性的语言，鼓励他们参与教学活动。

（5）提问要有想象性。

想象性，即教师设计的问题要能激发学生的想象力。创新教育的一个重要方面就是培养学生创造想象的能力。大学生最富于想象了，所以教师要根据教材，不失时机地设计一些能让大学生展开想象翅膀的问题。

提问，并不单独体现在教师问、学生答这一单项活动形式上，更多的是体现在教师激疑、学生质疑、师生共同释疑这种多项活动形式上。所以，教师在善于提问的同时，还要鼓励学生去发现和提出问题。因为问题的发现能帮助克服思维定式，使人振奋并努力去寻找创新之路。而且在学生的提问中，教师还能及时发现教学中存在的问题和不足，并及时进行调整。

4. 评教评学与反馈强化

（1）随机评价。

从信息论来看，阅读教学过程就是师生依据文本不断地输出、输入信息，其间不断地进行反馈、评价的过程。在课堂上，师生都要迅速有效地对来自彼此间的反馈信息做出评价、分析，以便及时了解师生双方在教学过程中出现的问题，及时进行矫正。对学生来说，教师的反馈评价，不仅可以使学生了解知识和能力的发展情况，发现并改正错误，而且，可以激发他们学习的积极性；对教师而言，学生的反馈评价可以使自己不断调整教学思路和教学方法，以达到更好的教学效果。

但这里，一定要注意评价的一个细节问题：教师常常在得到学生的反馈信息后，马上就做出盖棺定论的评价，而恰恰是这种"及时"评价，扼杀了其他同学的创新意识。科学研究表明：新颖、别出心裁、有创造性的见解，常常出现在思维过程的后半段。这就要求教师在开拓学生创造性思维的教学中，应该灵活运用智力激励法中的"延迟评价"原则，留出充裕的时间让学生在民主和谐的答问气氛中驰骋联想，畅所欲言，达到相互启发、集思广益的效果，获得更多的创造性见解。

在这里，教师没有对学生的答案做出简单的"对"与"错"的评价，而是抓住这一时机，改变教学思路，对学生进行及时引导，这样不仅调动了学生学习的积极性，使其他学生克服了思维定式，而且还取得了意外的收获——学会尊重他人。

（2）小结评价。

教师对学生在教学中知识掌握的情况、阅读实践活动的参与状况等给予评价，指出学习中存在的问题并进行强化，有利于学生扬长避短。通过小结，对本课的内容和学习方法进行一次回味，可以帮助学生建立一个完整的知识框架，总结出一定的阅读方法和技巧，为以后的学习打下基础。

学生也可以评价教师的讲课，使教师的教学在制定和落实目标、采用教学方法等方面，更适合学生的学习。总之，师生之间正是在这样互动的评价中，共同进步，共同提高。

（四）学生与学生的互动策略

1. 生生互动的意义

在阅读教学中，学生对文本的解读，除了自己的体验感悟以及教师的启发引导外，学生之间的相互影响，也是促进阅读的重要因素，因为同学之间的讨论、交流能够更好地活跃与文本的沟通。在师生交往中，由于学生对教师不可避免地存有一种敬畏感，或习惯于顺着教师的思路往下走，所以思维或多或少都要受到限制。但同学之间的讨论则不同，学生的身心都感到放松，学生畅所欲言的愿望强烈，在向同学诉说自己的主张时，会产生强烈调动自己已有知识的欲望。这是因为，同教师做出的反应不同，在同学之间，特定学生的见解没有权威性，所以不必毫无批判地通盘接受。因此，在这种场合，学生所拥有的知识同其他同学的知识相互联系、整合起来，能够生成容易理解的信息。

2. 生生互动的形式

（1）讨论交流。

这里主要指全班范围的自由讨论交流。要求教师在教学中大胆放手，善于设计"大问题"和发散性问题，扩大互动的空间。

所谓"大问题"即粗线条式的问题。这种问题应有很大的包容性和可选择性，它可让学生对解决问题做策略的选择、材料的选择、思路的选择，而不仅仅是对某一具体操作方法的选择；可让学生对解决问题的设计做多种假设与猜测，而不仅仅是按既定程序做一蹴而就的验证。当教师把"大问题"和发散性问题抛掷给学生，就如把学生投置于一个偌大的陌生领域，学生可以放开手脚，但在茫然四顾之际又必须加强联系找到"救生之路"。这就为学生扩大了互动空间和互动需求。

（2）合作学习。

所谓合作学习，是指一种有系统、有结构的教学策略，即依学生的能力、性别等因素，将学生分配到小组中，鼓励同学间彼此协助，互相支持，以提高个人的学习效果，并达到团体目标。合作学习对学生的认知活动和个性发展有积极的意义。首先，合作学习能够激发学生的创造力，有助于培养其合作意识和合作技能。其次，合作学习有利于学生之间的交流沟通，利于增进他们彼此间的了解与理解，并培养团队精神。最后，学生通过合作与交流，也必然会促进自我反省与自我意识的发展。

第四节　英语阅读教学中互动式教学法的应用

大学英语教学在整个英语教学过程中占据着举足轻重的地位，而大学阶段的语言习得也在极大程度上影响着学生英语水平的形成与发展。作为大学英语教学的一大组成部分，阅读方面的教学也就成了教学中的重中之重。但这一方面的教学现状也存在一定的问题，如何更有效地提升学生兴趣从而提升课堂教学效率成了大学英语阅读教学中的一大关键问题。作为一种创新型教学法，互动式教学法的许多方面已被学术界所认可，但这种模式是否有助于大学英语阅读教学，是否能够普及到大学英语阅读教学中，仍然是一个值得讨论的问题。

一、大学英语阅读的教学过程

大学阶段的英语阅读教学过程，被许多专家学者分析为启动、联动、能动与创新四大步骤组成的相对完善的教学过程，而一些学者认为这四步之中，只要保留"能动"即可完成对阅读部分的学习。他们的理由是，阅读毕竟是指学生的阅读，纵然是对于阅读能力、阅读材料的习得，归根结底，也应当是由学生发出的动作，所以只需能动即可，学生自己即可完成知识的吸取、接收和发散，外力虽然重要，却也只是起到辅助的作用，并不能作为根本意义上的重点步骤，占据大学英语阅读教学的核心。整个大学英语阅读教学过程必然不是简单的复述与照搬，而应当是根据阅读的具体情况进行具体分析。

首先，启动阶段在大学英语阅读教学中的概念应当是学生对阅读材料的第一次认知阶段。只有顺利完成这一阶段的习得任务，才能顺利进入下一步的习得。所以，对于教学来说，一大重心是如何让学生在具有实效性的前提下完成对这一阶段知识的学习。针对启动阶段的教学方法有很多，但就大学英语阅读教学而言，可简略分为三种基本情况。其一，是学生自主认知阅读材料，从而掌握阅读材料的核心内容。其二，是学生完全在教师的指引下逐词逐句地完成对阅读材料的初次认知。其三，也是比较科学的，是学生在教师的正确指引下，以多元化的方式完成对新阅读材料的认知过程，从而达到启动阶段的习得目标。大学英语教材中，无论是哪一版本，都不会出现过难或过于复杂的词汇或语言结构，因为教材和教学内容毕竟都要与习得者的语言认知程度相匹配，所以，在整个大学英语阅读教学中，都必须本着循序渐进的原则，引导学生学习知识。总而言之，启动阶段理当是由教师和学生共同完成的一大学习阶段，"启"即"启发"，是教师对学生启发性的引导。如果只是一味地让学生在这一阶段进行自主学习，那么且不论学生的自主性是否具有一致性，只探讨学生对于阅读材料的切入点，就已经不符合科学方法观了。所以，在这一阶段，互动式的教学法仍然是不可抛却的，相反，这一种模式理当成为"阅读启动阶段"的重心之一。

其次，作为下一个阶段的"联动"阶段，是教学过程中的重要阶段。广义上的联动指的是学生在课堂上自主地思考并与教师进行互动的阶段。"联"即"联合"，即"关联"，落实到大学英语阅读教学上，就是指学生在完成对阅读材料的初步认知后，在教师指导下，对材料内容的二次认知。具体到英语阅读方面，如果是大学英语的低年级学生，那么包括了对于基础英语语音的掌握，包括了对于常见对话方式的掌握，包括了对于简单文章的复述能力和对于阅读全文大意的基本掌握。如果是大学英语的高年级学生，那么"联动"包括了对阅读材料中基本语言运用能力的认知，包括了对于教师课堂用语和教师的引导发散下回答问题的语言组织能力与其他课堂上的联动能力。这种联动能力不仅对教师的创新性和启发引导策略提出了新的挑战，而且使得学生从低年级起，就要发展出能够适应这种模式的联动能力。这种能力在低年级仍处于被启发、被引导的阶段，但到高年级，这种联动能力便不再是专属于教师的专利了。在课堂上，最佳的教学效果就是学生能够在教师的引导下完成所学知识，并在此基础上，针对阅读内容对教师或其他同学提出联动式的问题，完成双重甚至多重互动，从而更好地开发语言运用能力，实现语言学习的最高价值。

再次，就是被广泛认可的"能动"阶段。这一阶段的最佳效果是，学生通过已经获得的对于阅读材料的认知，进一步实现自身大脑与阅读材料的高度整合，将阅读材料的信息，包括材料大意信息和语言运用信息与自身思维建构融合在一起，最终达到自主思维操纵下对于所学阅读材料的重新整合，达成习得目标。其中习得目标即了解文章大意，能够熟练掌握阅读中所出现的第二语言运用方式，能区别同一含义的母语常见用法，实现举一反三，并在深度阅读过程中完善自己的阅读水平，提高自己的阅读能力。正因为这一阶段所达成的习得目标最为趋近最佳的阅读效果，所以，一些学者才会大为看重这一阶段。但是，事实上，"能动"阶段的确是完成阅读的重中之重。然而，这必然要建立在学生高度的专注和高水平的自主知识建构与信息整合能力之上，而这两点却又只是"能动"的一部分，除这两点外，还有诸如阅读材料的难易度、阅读材料的长短、信息整合时间的长短、阅读环境、课堂环境、学生基础素质等方面的要素。而这其中的大部分要素，都并不是短时间内可以塑造而成的，也不是一成不变的，更不是轻而易举便能判定完全的。这其中的大部分要素都具有强烈的不可控性，所以，"能动"阅读的确是大学英语阅读中的一重大阶段，但教学不是自学，教学是"教"与"学"的整合，即使是自主性的阅读，也是在教师讲授之后的学习行为。所以，无论如何，"教"都不能够被忽视，更不能被抛却。试想，如果没有"启动"和"联动"的过程，直接开启"能动"过程，那么，所导致的定然是不系统且不科学的阅读行为，无法从科学的角度完成英语阅读习得的目标与要求，也会使学习者进入一个披着自主外衣的阅读怪圈，影响其学习效果。

  最后，即是"创新"阶段。创新可以有多种形式，尤其是在大学英语阅读教学方面。创新可以是对阅读内容的创新。比如，在完成课内阅读后，教师可以通过其他方式找到适合学生认知水平和认知兴趣的，同时也符合本课所学知识内容的课外材料，供学生阅读并加以探讨。创新也可以是教师教学方式、方法的创新。比如一些多元教学环境的创设，如在可能的条件下，教师带领学生进行跟阅读内容有关的课外活动，寓教于乐，在游戏或问答的形式中完成阅读内容的教学。创新也可以是完成阅读后相关任务布置的创新。比如，让学生在完成阅读后自主写一篇同样概念但内容不同的作文，等等。创新更可以是阅读法的创新，但这应当在科学方法论的指导下进行尝试，并不建议教师在无系统构建的情况下任意更改阅读的步骤，这会使学生对所阅读的内容感到困惑，而这种困惑在所谓的创新完成之后，会变得愈发明显。所以，创新是要以科学的手段和策略加以指引的，并不能随意创新，毕竟这种创新的发生地是课堂，而课堂是教师讲授和学生习得的主场地，是完成知识习得的主要场所。

总而言之，启动、联动、能动、创新，都是大学英语阅读教学不可或缺的一部分。无论是从教师教学的角度，还是从学生自主性发展的角度出发，都不能被忽略和过度更改。

二、互动式教学策略及应用

互动式教学策略是课堂教学中教师为了激发学生兴趣，达到教学目的，实现教学实效性而在实践中创设的新颖教学策略。对于大学阶段的学生来说，英语阅读并不一定是完全符合其习得兴趣，并能令他们在积极的状态下进行自主学习的科目内容。所以，想让他们自主地激发起学习兴趣，并深入到课堂中来，并不是一件十分轻松的事情。既然如此，学校和教师为了帮助学生完成学习任务、达成学习目标，促进其英语阅读能力的提高，所做的教学第一步，便是发挥一切积极的能动性，使学生产生对英语阅读的兴趣，并投入到课堂学习中来，这也正是互动式教学法的价值诉求与实现目标。也因此，发掘学生主动参与课堂活动的因素成了互动式教学法的一大研究方向和研究目标。只有成功发掘了这些要素，才能够立足于学生的发展，从不同角度出发，创设出能够发挥这些因素的教学环境，使学生在饱满的热情之中享受学习带来的快乐，并以积极的方式融入课堂。

学生主动参与课堂活动的因素大致分为三点，这也是互动教学策略的三大出发点。其一，是自然的兴趣点；其二，是问题紧张感；其三，是较易获得的成就感。

首先，就"自然的兴趣点"来说，互动教学策略应用于大学英语阅读课堂，要先从学生各自的兴趣出发，从而在应用中完成课堂结构的创设与实施。这就要求教师掌握每一名学生的兴趣，挖掘每一名学生的潜在兴趣，将这些兴趣点集中起来归类与整合，并将其中最为大众化的兴趣点与所学阅读知识、阅读材料的讲授结合起来，使一切整合发挥作用，激发学生的学习热情。因此，基于这一要素，在大学英语阅读课堂中，互动教学策略的应用，表现在以下方面：如果所讲的阅读知识与电影相关，那么教师就可以设置电影方面的问题，引导学生进行讨论。在讨论过程中，尽可能地要求学生用英语进行表达，尽可能地使其积极地参与到阅读学习中来。同时，还可以根据电影这一主题引发电影的主题曲话题，可以通过多媒体设备，将文中所提及的电影，或是最受学生喜爱的电影主题曲，在课堂上播放出来。以此方式进行的大学英语阅读课堂教学，学生的注意力不易转移到其他方面，绝大多数学生会有参与的热情和高涨的求知欲。他们因自己的兴趣被融入英语阅读教学中而找到一种存在感，这种存在感能让他们积极主动地投入到学习中来，而教师也会渐渐发现，在自然兴趣点的基础上所产生的互动，是一种以真实热情为基础的互动，既不机械也不牵强，自然会产生一种水到渠成的教学效果。至少，从表面上看，以自然的兴趣点为基础所创设的互动教学环境，是维持课堂热度、维持学生与教师热情的一大方式。当然，这一方式也有其缺点，一则学生的兴趣点不一定十分一致，当遇到相对陌生或不十分受欢迎的阅读内容时，单一地以兴趣作为支点太过于冒险，很容易效果不佳。二则过度挖掘学生对于不同话题的不同兴趣容易浪费时间，而且不同地域的教学环境不同，如果教室设施不齐全，那么这种方法很容易受到冲击，或无法实施。因而虽然这种方法能够发挥效用，但有其局限性，需要得到进一步的改进与补充。

  其次，就"问题紧张感"来说，互动式教学法应用于大学英语阅读课堂，针对这一方面的互动策略可能更为容易应用。游戏或许不会带给学生紧张感，但问题一定会。提问是教学的基本手段，虽然对学生而言存在潜在的压迫之感，但的确也是被科学观点认可并接受的一大方法。提问的方法不仅可以应用在大学英语阅读教学中，而且也适用于各大学科。不同教师对于设计的问题有所不同，却又大致相同。不同学生对于问题的应对感受有所不同，却基本相同。心理学家研究发现，即便是公认习得程度良好的学生，面对提问时，也会呈现出相应程度的紧张感。一个恰当问题的设置，能够让学生在应答问题出现了紧张感之后，体会到成功回答问题的满足感。这种满足感能够反作用于学生，使其对这一学科产生一定程度的兴趣点，这就形成了英语阅读习得的良性循环。相反，如果教师对设计的问题有不足或不够符合课堂内容，就会使学生仅仅感受到紧张感，而感受不到满足感。久而久之，这样的问题设计反而会打消学生英语阅读的积极性，起到适得其反的效果。所以，基于"问题紧张感"而形成的提问式互动教学策略具有多重功效，但在其应用于大学英语阅读教学过程中，问题的设置以及问题的提问方式，仍然是每一位教师在英语阅读教学中要关注并重视的一大话题。

最后,从"较易获得的成就感"来说,基于此因素基础上的互动式教学策略可以大致分为两种。一种是最为常见的游戏式互动,因为游戏之所以被称为游戏,关键在于轻松感。当学生因课堂上凝重或严肃的气氛产生紧张感时,游戏可以带给他们适度的放松和较易获得的成就感。且科学实验也证明,未成年人对游戏的观感与好奇程度与成年人具有很大差别,尤其是对大学生来说,适当结合课堂需要,结合所学阅读内容,采用游戏的形式加以辅助教学,对他们兴趣的培养和注意力方面的集中是有益而无害且能发挥功效的。但落实到大学英语阅读课堂上时,教师要注意的是对学生在这一方面的正确引导,避免其无视课堂,同时也要掌控好游戏的时间,不能一味地让游戏成为课堂活动的重心。另一种是相对简单问题的提问与互动,这种情况下,教师提出的问题要保证大多数学生都能作答,这样学生才有可能产生成就感,同时,教师要摆正心态,不吝惜对学生的适度赞美与表扬,这也会增加学生对英语阅读的兴趣。大学英语教学中,偶尔有一些相对易懂又比较浅显的文章,如果教材中没有这类材料,教师可以适度地用一些能够提高学生自信的课外阅读材料,来帮助一些学生提升自信心与成就感。

三、影响互动式教学策略的因素

(一)互动环节的不同

大学英语阅读教学环节可以大致分为阅读前的导入、阅读中的讲授和阅读后的学生信息整合与发散,这是阅读教学的三大基本环节,不同的阅读环节会导致不同互动策略的形成与应用。

阅读前的导入环节,教师可以通过多种方式与学生互动,为将要教授的阅读内容做好铺陈与引导,使学生在好奇心驱使下对相关话题和内容产生兴趣,从而推进正文的阅读。通常情况下,教师可以采用多媒体导入法与学生互动,如列举出与阅读内容相关的主题图片,依次引导学生并发问,如提出"Can you list some other things like this?"等。此时老师可以通过依次、从举手学生中挑选几名回答、以每组选派代表的方式,令学生回答以上问题。其中,依次提问是教师与学生互动最传统的方式,这种方式可以确保每一位学生都能有机会与教师面对面直接互动,但有时会缺乏趣味。从举手学生中挑选是课堂中最为常见的互动方式,教师可以直接感受到学生兴趣和积极性的存在，但这种方式往往会使未举手的同学产生被忽视的心理，不利于长期教学。而每组选派代表这种互动方式，实现的不仅仅是教师与学生的互动，也实现了学生与学生之间的互动，因为每一组学生在选派代表的过程中，就已经进行了言语间、思维间的互动，这种方式具有创新性。但这种方式很难保证每一位学生都参与其中，毕竟被选为代表的学生是少数，而大多数学生仍然是以聆听的方式参与教师与这几名学生代表之间的互动。因此，教师可以适当地将这几种方式结合起来。但导入环节时间毕竟有限，在教学过程中，一名合格的教师并不适宜在这一部分施以浓墨重彩，所以这一部分互动的策略就更需要被关注和提升。

在导入部分的互动中，可能会出现如下几种问题。其一，学生因为对阅读材料过度感兴趣而产生过于激烈的讨论，阻碍课堂教学。针对这种问题，教师可以更改之前的互动策略，以互动的形式对学生的过度讨论行为加以制止，完成对英语阅读课堂纪律的整肃。而后，采用互动的方式提出几个难度系数稍大的问题，让他们安静思考。或者在黑板上写下将要学习的阅读材料中出现的生词和例句，让学生根据所给例句猜测其中核心词大意，完成教学设计的提前实现，这都是改善课堂环境并策略转变互动方式的有效手段。学生对于这种导入方式已经司空见惯，易产生不耐烦或不感兴趣的心理，这将影响教学效果。其二，多媒体导入过程中出现问题，许多设计好的互动线索被打乱。这两种情况从本质上属于同一层面，只是后一种在研究课或公开课上属于轻级的教学事故，但从互动教学层面来说，这种问题也很容易得到解决。如果多媒体导入出现问题，那么教师完全可以更换一种方式继续互动式导入，比如可以通过直接问答式互动法导入，通过话题互动式导入。所谓话题互动式导入，指的是根据将要阅读的文章标题或主旨内容进行讨论式发问，让学生在思考中回答，同时发动全班同学，让每位同学在话题问与答之间思考，学生都可以就此话题提出问题，这是话题式互动的一大途径。

当教师与学生经过导入环节，循序进入阅读的环节时，教师往往会针对阅读材料，让学生在有限的时间内先以略读即快速浏览的方式完成通篇课文的阅读，随后以多种互动形式对学生加以阅读检测和指导。这时的互动策略就往往随学生的具体情况进行，如果大部分学生都能够在预期时间内完成初步阅读即略读，那么教师可以就文章中各段的主旨大意进行浅显易懂的提问，达到学生与阅读材料、教师与学生之间的互动。有时也可以通过每组抢答问题的方式，达到师生之间、生生之间的互动，以这种逐步互动的形式完成对所学阅读内容的初步阅读。而后，当进入精读环节时，教师可以将几个核心词汇写在黑板上，让学生在阅读过程中结合上下文对这几个词的词义进行有理据的猜测，并提问。同时，在教学环境许可的情况下，通过 PPT 将一些涉及文章细节的问题列举出来，使学生回答，完成第二层次的深度互动。如果学生回答错误，可以请他讲出得出自己答案的理由并加以讲解，完成课堂上的师生互动。也可以号召全班同学对这名学生的回答进行适度的纠正，完成课堂上的生生互动。同样的，如果学生没能回答这个问题，那么尽可能地再次提问这名同学，看他是否跟上整个班级的阅读进程。如果该生认真跟随课堂步骤但仍然没能达到预期效果，那么教师应当反省自身所采取的互动式教学法，试图更换互动策略以达到预期目的。如果该生是因为注意力不集中而导致这类情况，那么教师仍然需要通过互动式的方式与他沟通，提升其注意力。

　　在大学英语阅读课堂中，完成略读与精读后，阅读部分的教学仍然没有结束。接下来的目标是检测学生是否掌握了阅读的技巧，是否掌握了阅读材料中所蕴含的语言运用方式，这些是大学英语教学大纲中对大学英语习得者的基本要求。在此环节中，最常见的互动教学策略有以下几种。其一，是针对低年级学生设置的互动策略，即要求学生模仿文章中的对话，保留核心成分，替换其他部分，创设对话并表演。这一部分往往收效明显，基本上可以适用于整个班级，所以这一种互动方式也得到了学术界和教育界的广泛认可，是大学英语低年级阅读课堂的一大有效互动手段。其二，是在给出相应范例的情况下，要求学生以四人为一组，找出整个阅读材料中最常出现的语言运用方式，在每一环节完成之后，随机选择学生用所探索出的语言方式复述所学内容。在这种情况下，最佳的教学效果是在分组与指导的过程中完成了师生之间的互动，在组内讨论与选派代表的过程中完成了学生与学生之间的互动，在探索语言方式的过程中实现了学生自身思维与所阅读内容的内在互动。其三，一般是针对高年级的大学生，要求学生以小组为单位表演相关短剧，角色与对话都由学生自主讨论决定，而教师负责在学生编造对话时加以指导，完成自主建构情况下的师生互动与生生互动。这种互动策略相对比较新颖，但是应用性相对较差。毕竟每一名学生英语水平不同，语言表达能力不同，对于对话的创设能力也各有不同，所以，这种互动方式并不能涉及每一名同学。对于一部分英语水平一般的学生来说，这类型的互动环节大多数是以观察者的心态看待的，他们致力于观察水平较高的同学创设与表演，而自身往往习惯性地从互动环节中抽离，所以无法达到这一部分的训练目的。然而，这一部分也不能因为一部分学生间接的不参与而取消，或许这种互动策略可以在结合课堂具体情况和学生具体素质的基础上降低难度或加以更改，但阅读之后的发散环节仍然是大学英语阅读教学的一部分，对英语教学起着不可或缺的作用，应当得到重视。

（二）互动载体的不同

互动载体的不同对互动式教学策略的影响极大，不同的载体具有不同的特点和特性，而教学策略的形成与使用与这些载体的特质息息相关。通过对大学英语阅读教学过程中的载体进行分类与归纳，大致可以分为如下几类：教材、课型、学生素质、教学条件等。

第一，针对教材来说，教材作为大学英语阅读教学的载体，发挥着至关重要的核心作用。所有关于知识的讲授都是以教材为出发点和基准线的，教材的难易度和教材版本的新旧都直接或间接地影响着相应的教学效果。大学阶段的英语阅读，并没有涉及过多的高难度语法与长句，大多数均是日常用语与基础性的文章。对学生英语阅读的要求尚体现在为日后的英语语言运用打基础的层面上，所以如果载体是难易度适中的教材，那么互动策略可以以多种形式呈现，包括访谈互动式、讨论互动式、多媒体互动式、生生互动式等多种互动方式。教师不必因为教材的内容而进行增删和重新建构，也不必将互动式教学方式生搬硬套到一本过易或过难的教材上来。试想，如果教材内容过难，那么许多适合这一阶段、这一年龄层次学生的互动方法将不适用于教材内容，比如正值第一学年的学生可以很好地适应教师提供的游戏式互动教学方法。但若所配教材难度过大，那么游戏互动法将不足以完成对教材内容的理解，所以教师必然要针对过难的情况设置另一种互动策略，但很有可能的是，新的互动策略可能适用于教材，却并不是真正适合这一阶段的学生，如此将会导致教学效果出现偏差，有违教学初衷。同理，如果教材内容过易，也是如此结果。也正是因为曾经出现过教材内容过易或过难的情况，为了让学生更好地进行大学阶段的英语学习，教材的版本也在不断更新，总的来说，仍然是以取精华而摒弃糟粕的原则在筛选教材留存内容，但相比之下，新版本的教材会对教师的互动策略提出更高的要求。这就要求教师具备较强的适应能力和真正了解互动式教学法。如果教师将旧有的互动方式原封不动地套用在新版本教材中，短时期内或许不会有过大影响，但久而久之会令教学陷入一种僵化的互动模式中。所以教材作为互动教学的载体，无论对于教师还是学生，都无疑是一种鞭策与促进。

第二，针对课型而言，大学英语阅读课堂中，最常见的课堂形式无非三种。一者是课内教材阅读，二者是相关习题阅读理解，三者是课外阅读。这三种形式都影响着课堂中教学策略的使用。对于互动式教学策略来说，当教学载体是课内教材时，教师往往采用备课时所惯有的互动方式。采用多种互动策略，如访谈互动式、讨论互动式、多媒体互动式、生生互动式等多种互动方式即可达到课堂上对于互动式教学法的建构，从而积极地影响学生的学习与认知。教学载体是相关习题的课型，在大学英语课堂中所占据的比例是十分微小的。因为如今的英语课堂，不再是填鸭式教学或是一言堂式教学了，也不再是题海战术型课堂，但习题课型之所以仍然存在，其首要目的是考察学生的阅读能力是否得到相应提高，考查学生是否掌握了真正意义上的阅读策略，当所阅读材料由课内转向课外的习题时，学生能否适应这种阅读方式。所以，这种课型对于教师来说，考查的要点是学生的阅读能力，并在学生已完成内容的基础上加以适当指导。因此大部分教师对于这一部分采取的办法是，在学生独立完成习题式阅读的基础上，提问其所选答案或所答内容，再将其答案置于全班视线内，由整个班级的同学纠错，并各自提出观点看法，提出纠正错误的理由。或者，教师将正确答案告知学生，师生共同找出易错之处，此时需要教师凭借敏锐而专业的素质判断学生集中出错的原因所在，从而判定是阅读过程中的哪一步出现了问题，并通过举一反三的互动形式对学生进行指导，从而真正实现习题阅读课的实践价值。当教学载体是课外阅读材料时，往往是一些有经验的教师对于阅读内容的一种选择性发散，教师通过这一方式对学生加以内容和阅读方式方法上的引导，从细节上来说，这种扩展往往是短时的而不占用学生过多的时间，教师只是当学生遇到阅读困难时加以互动式指导即可。

第三，学生素质对于互动教学策略的影响不言而喻。在先秦时期，孔子就曾提出过因材施教这一至今仍有强大影响力的教育思想。在大学英语阅读教学的主题探讨中，因材施教这一理念都应当贯穿教学过程的始终，不能被忽略。如果要相对深入地分析学生素质对于互动教学策略的影响，那么首先要考虑的是当学生素质较高时的互动教学策略。以教师所教授的一个独立班级为例，在英语阅读课堂中，当学生素质普遍较高时，教师可以采用各种各样的互动式教学方法，甚至包括一些不太常见的或不易被理解的互动方式与学生进行互动。还可以相应地加大互动拓展阅读的内容，让学生在此过程中领略更多的知识，在头脑中进行自身与新词汇、新语言运用方式的互动。但同一班级中，每一名学生的英语素质不可能完全一致，那么这些创新型互动方式如果落实在素质较差的学生身上，将会产生不良的结果甚至是所谓的教学事故。这里所说的素质较差指的是习得能力较差或基础知识与英语水平较低。对于这一类学生的教学，应当从基础方面着手，为了教好这些学生，甚至可以挖掘一些教师常常认为学生在之前的阅读过程中已掌握但事实上他们并没有掌握的知识或技能。对于大学英语阅读教学来说，这一部分就包括最典型或最基础句式的语言运用能力。许多时候，一些教师并不清楚学生是否在阅读学习中习得了阅读方法，掌握了阅读能力，这也就会导致一些学生英语阅读习得方面的恶性循环。在开新课或是开启联动阅读模式时，教师理当从这些学生的角度出发，考虑他们是否能够适应新阅读课的内容，不能在他们基础尚未建构完整的情况下加重他们在英语阅读学习方面的课业负担。但往往这种时候，许多教师因为顾及整个班级的教学进度而对这一部分基础较差学生做出了潜在的放弃，事实上，这也与师德方向的建构息息相关。

第四，教学条件的不同也影响着互动教学的方式。也就是说，互动教学方式需随着教学条件的不同而有所改变。比如，在一些现代化设施齐备的城市，大多数学校都能够保证多媒体设备的存在及顺利应用，而多媒体正是互动式教学的一大载体，许多互动方式和方法，如看视频或图片发问讨论等，都是依靠多媒体设施得到更好的实现和发展的。但在一些相对偏远或基础设施并不完备的学校，就无法保证这些载体的正常使用。因此在这种情况下，互动教学的方式也要随着环境的改变而改变，即随着教学条件的改变而改变。毕竟教授知识可以采用的互动方式很多，以大学英语阅读为例，当多媒体手段不存在时，教师可以通过对比互动教学法，让学生找到文章中 A 与 B 的互通之处和不同之处，或是将每一段落的写作手法以互动引导的方式令学生产生兴趣，从而自主地适应这种方法，并通过小组讨论，师生共同探讨等方式，完成同样的阅读任务，收获同样的阅读效果。教师甚至可以根据阅读材料提问，由多名同学回答后，将这些问题与简略答案串联成线索，简单列举在黑板上，再由学生朗读课文或自主阅读课文，在教师认可的时间结束后，可以由各组选派代表根据黑板上的脉络重新复述课文。经过这种形式的多番操练，学生不仅熟悉了阅读材料，甚至可以在教师的有益引导下，以自然而然的方式对通篇课文进行记忆或背诵，完成课堂效率的提升。

第四章　大学英语听力互动式教学法

21世纪是经济时代,21世纪的人才必须具有较高的英语水平,才能适应更加开放的改革政策和现代化发展的需要。各行各业的全球化发展更使英语显得尤为重要,这也促进了英语教学科研的进一步发展。传统的教学忽视学生综合素质的全面培养,对学生满堂灌,不能充分发挥学生的主体作用。因此,加强大学英语课堂中的语言交互,全面提高学生的英语素质,进一步提高学生对语言的运用能力,是当前大学英语教学改革的重中之重。

现行的大学英语新教材的编排淡化单元课型,加大听读量、词汇量和综合信息量,强化语言综合技能的整合。在教材中只有单元话题,听、说、读、写各技能的训练综合为一体,听力材料趋于生活化、场景化和口语化,但语速快,口语味浓,要求学生有很大的词汇量及背景知识。根据教材的特点,听力和阅读是各单元的重要教学内容,其中听力是学生学习途中的最大障碍。因此在课堂教学当中,如何创设一个让学生听力技能得到提高的平台,是广大教师一直探索的内容。

第一节　大学英语听力互动式教学现状

传统教学理念认为听力是被动的,认为听是信息的输入。其实,听者在听的过程中是积极参与的,作为听者他要猜测意图、要参与谈话、核查思路、解构大意、组织语言、共同互动。

听的过程并非是人们所认为的消极被动的行为,不能把听者当成录音机。听力理解包括自上而下和自下而上两个过程。自上而下,是指对语言信息的了解来自语言外部,即进入听者耳朵的语言本身,也就是说,对于语言的了解是从字到词,从词到句之间的语法联系及词汇含义。自下而上,指的是对语言信息的了解来自语言内部,来自先前的知识储备,即对信息的综合性预期。因此,听力包括词汇、语法、记忆和认知等要素。

一、大学英语的教学要求

大学英语听力教学的现状,通常是教师和学生交换信息的不对称。这或多或少地导致了教学的问题。在听力课堂上,教师和听力材料是课堂的中心,学生通常是被动、消极地对多项选择、判断正误和听写一类的听力练习给出正确的答案。结果,学生自然就成了录音员和答案提供者,听力教学变成了核对听力答案了。因此,互动式的英语教学是大学英语的客观要求。

(一)工具性与人文性的高度统一

工具性与人文性高度统一是指,我们对外语课的认识不能一味地强调语言的工具性,也应该认识到语言的人文性,要认识到语言学习对促进人的发展和提高人文素养的重要作用:通过学习,激发、培养学生学习英语的兴趣,帮助其树立自信心,养成良好的学习习惯,形成有效的学习策略,发展自主学习的能力和合作精神;使学生掌握一定的英语基础知识和听、说、读、写技能,形成一定的综合英语运用能力;培养学生的创新精神;帮助学生了解世界以及中西文化的差异,拓展其视野,培养其爱国主义精神,形成健康的人生观及世界观。

(二)语言学习观的要求

英语课程的学习,既是学生通过语言学习和英语实践活动,逐步掌握英语知识和技能,提高英语实际运用能力的过程,又是他们拓宽视野、丰富生活经历、促进思维发展、锻炼意志、陶冶情操、发展个性和提高综合人文素养的过程。这要求学生不是从书本或教师那里接受知识,而是在英语语言实践活动中构建知识、发展能力。

(三)语言教学观的要求

现代教学理论认为,语言知识和语言技能是同步发展的。学生从学习第一个词、第一句话开始,就在学习语言知识,发展语言技能。大学英语除了设置语言知识、语言技能等语言目标外,还设置了一些非语言目标。所谓非语言目标,就是语言学习过程产生的非语言结果,如情感目标和学习策略目标,文化意识介于语言目标和非语言目标之间,这些目标往往超越了语言内容。

同时,过程和结果并不是两个相对立的概念。纽曼(Numan)根据教学大纲对教学内容和教学目标描述的不同侧重点,把教学大纲分为结果性大纲和过程性大纲。大学英语强调结果与过程结合起来,让学生关注学习过程,形成自己的学习风格和学习策略,能制定目标,监控学习过程,了解学习进展,发展自主学习能力。所以,教学中要明确语言的实际用途,锻炼学生的语言使用能力,调动学生的学习积极性,提高学习效率。

二、交互理论对听力的解释

对于交互理论,各国的学者给出了不同的解释,包括马达理论及同伙理论、维果茨基的最近发展区理论、柯伦(Charles Curran)的团队学习理论以及语境与听力理解等。

(一)马达理论及同伙理论

马达理论认为,听有助于说,说有赖于听。同伙理论发现,人一听到某个词,就会在脑海里出现所有同音词,然后,排除那些与紧跟而来的词无关或与语境无关的词。这说明教学与语境的设计很重要。那些只利用单句练习或脱离语境测试单词辨音,都是不符合这一规律的。

(二)最近发展区理论

维果茨基于1930年前后提出了最近发展区理论。按照维果茨基的解释,所谓"最近发展区"是指学生的实际发展水平与潜在发展水平之间的差距,前者由学生独立解决问题的能力所决定,后者则由在成人的指导下,或是与能力较强的同伴合作中,学生表现出来的解决问题的能力所决定。其中,学生的现有发展水平,是指学生已经形成的发展水平,它是学生在过去的学习过程中不断积累沉淀的结果,而潜在发展水平,则是指学生的一种未来状态,是一种还未形成,或者说尚待形成的状态。真实的、现有的发展水平指向已经成熟的技能,而最近发展区指向的是那些还未成熟,但正在成熟的技能,它描述的是学生即时的未来和动态的发展状态。

维果茨基的最近发展区理论认为,所有人类的较高级的思维形式,包括思维、计划、有意的记忆、有意的注意力、创造性和对符号系统的控制(特别是语言),都发生在与他人的相互交际中。可见,社会交际在认知发展过程中起了至关重要的作用。对语言学习来说,语言本身就是一种社会建构，它既有建构的特征，又有社会的属性。维果茨基的最近发展区还认为，在儿童心理发展的第二阶段，儿童逐渐脱离成人的控制，一旦那些解决问题的活动被内化，儿童就能够独立地处理原先需要他人引导和合作的问题。所以，在英语教学中，教师应该起着指导、促进、帮助、调节的作用，要充分发挥学生学习的主动性和培养学生自主学习的能力，以帮助学生确立在学习过程中的主体地位，从传统的以教师为中心转向以学生为中心的教学模式。

维果茨基提出的最近发展区理论，将个体与社会、教学与发展、外部与内部、现在与未来紧密地联系在一起，突出了认知发展的社会性、发展方向的多样性、教学对发展的促进性、教师作用的主导性、合作学习的重要性，对现代教育产生了积极的影响。

（三）柯伦的团队学习理论

柯伦等学者提出的"团队语言学习"的观点，可以说明在交流活动中的互动效应，这跟交流式语言教学是密不可分的。将学生分组并组织交流活动的做法，就是团队语言学习法主张的形式。理查兹（Richards）和罗杰（Rodger）认为，团队语言学习法是语言教学中人性化方法的一个典范，在这样的学习过程中，学习不应该被看成一种个人习得行为，而应看成一种合作成就行为。

柯伦的学生 La Forge 这样评价教室里的交流互动："交流并不是说者向听者输送信息的简单过程，对于所说的信息，说者本人既是主体也是客体，交流是一种交换，如果没有信息目标方的回馈反应，它就不是一个完整的过程"。La Forge 描述的"团队语言学习"的典型学习过程是：学生 1 向教师输送一条信息，教师通过翻译或解释将学生 1 的信息输送给学生 2，学生 2 重复此信息并将其转述给自己想与之交流的另一个学生。在此过程中，小组其他成员被鼓励"旁听"。"旁听"的结果是，小组中所有成员都能理解任何其他成员间的交互内容。

（四）语境与听力理解

美国语言学家 M. W. Rivers 指出，在交际活动中，成年人花在听方面的时间占 45%，说占 20%，读占 16%，写占 19%。还有一些语言研究者认为，我们听的量是说的量的两倍，是读的四倍，是写的五倍。可见，听是人们接收信息的主要方式。随着语言学上对话语理解的研究从语义层次向语用层次拓展，人们对听力理解的认识也经历了从静态到动态的转变。传统语境观主要体现为对语境的静态认识，即语境是一些从具体情境中抽象出来的对言语活动参与者产生影响的因素，并且语境被看作是客观存在的事物，是预先确定的，是静态的。这种静态语境观强调语境的客观本质，突出语境在交流过程中的解释和规范作用，但随着语境研究与交际学研究的结合，人们发现语境是充满活力的，在整个交流过程中是动态变化的，对语境的静态研究已不能有效地起到解释并且指导交际的作用。关联理论将语境看作是在互动过程中，为了正确理解话语而存在于人们头脑中的一系列假设，而理解每一个话语所需要的语境因素是不同的。因此，听话人要在话语理解过程中，为每一个话语构建新的语境。语境不是给定的，而是选定的。适应论也认为，语言具有变异性、商讨性与顺应性，语境不是静态的，而是由不断被激活的语境因素和一些客观存在的事物动态生成的；语境产生于交际双方使用言语的过程中，它会顺着交际过程的发展而不断变化。所以，真实的教育过程是师生及多种因素间动态的、相互作用的推进过程。因为实际的教育过程远远要比预定的、计划中的过程生动、活泼、丰富得多。实际上，从教到学再到学生发展的过程本身，就是一个动态转化和生成的过程。教师要认识到，学生成长的多方面生命需要及主动参与教育活动和发展的可能，要重视、研究这一生成过程，使教育活动过程焕发出新的生命活力。

三、大学英语的教学现状

就目前而言，大学生的英语听力水平普遍偏低，这与学生听力理解当中的障碍有关。例如，语音、语速、词汇、语法、背景知识的障碍，母语的干扰，听时因紧张而造成的心理障碍等，也同教师、教材与教学媒体有密不可分的关系。

（一）教学目标缺乏层次性

教育部颁发的《大学英语课程教学要求》中指出，大学英语的教学目标就是要培养学生的英语综合应用能力，特别是听说能力，使学生在今后学习、工作和社会交往中，能用英语有效地进行交际。

大学阶段的英语教学要求分为三个层次，即一般要求、较高要求和更高要求。这是我国高等学校非英语专业本科生经过大学阶段的英语学习与实践应当选择达到的标准。一般要求是高等学校非英语专业本科毕业生应达到的基本要求，较高要求或更高要求是为有条件的学校根据自己的办学定位、类型和人才培养目标所选择的标准而推荐的。

第一，一般要求。即能听懂英语授课，能听懂日常英语谈话和一般性题材的讲座，能听懂语速较慢（每分钟 130~150 词）的英语广播和电视节目，能掌握其中心大意，抓住要点，能运用基本的听力技巧。

第二，较高要求。即能听懂英语谈话和讲座，能基本听懂题材熟悉、篇幅较长的英语广播和电视节目，语速为每分钟 150~180 词，能掌握其中心大意，抓住要点和相关细节，能基本听懂用英语讲授的专业课程。

第三，更高要求。即能基本听懂英语国家的广播电视节目，掌握其中心大意，抓住要点。能听懂英语国家人士正常语速的谈话，能听懂用英语讲授的专业课程和英语讲座。

学习大学英语听力课程的学生，一直都是使用学校统一订购的教材，它的教学目标较为固定，不能满足不同水平学生听力学习的要求。以目前使用的《全新版大学英语听说教程第二版》为例，里面的听力内容对于普高类学生而言难度相对适中，但是，对于艺术类专业学生则较难，容易给学生造成心理挫败感，失去英语听力学习兴趣，影响听力水平的提高。大多数学生对自身听力水平都不太满意，认为听力是英语学习的难点，不知道如何才能提高听力能力。有的学生甚至这样说道："我们高中英语学习的时候根本就没有听力这一环节，英语听力对我们来说根本就听不懂。听的过程中有些词能够听清，但是一旦反映到汉语意思时，就不知道是什么了。尤其是大段的英语篇章听力，往往都是在思考一个词是什么的时候，下面的篇章已经播放完了，无法达到语速的要求。"

对于艺术类及专业对口的学生来说，一般要求的教学目标已经较难达到，更别提较高要求和更高要求的教学目标了。这种教学目标的单一化，不利于整体听力教学效果的提高，大学英语听力教学应贯彻分类指导、因材施教的原则，为不同水平的学生定位不同的教学目标，这样才能使不同基础的学生更好地逐步提高英语听力水平。

（二）教学模式陈旧单一

教学模式是指在一定教学思想或教学理论指导下建立起来的，较为稳定的教学活动结构框架和活动程序。目前，大学英语听力的教学模式，是以教师讲授为主的单一教学模式。虽然是在多媒体环境下，但是，只是用多媒体设备替代了录音机，用现成的软件和课件取代了教师教案，教学内容或许增加了，但是，学生的学习方式和教师的教学方式，以及师生之间的互动方式并没有大的改进。单纯地使用多媒体教材只能实现人机交互，而不是人际交流，不利于创造真实的外语交际氛围。教学模式的改变不仅仅是教学方法和教学手段的变化，而且是教学理念的转变，是实现从以教师为中心、单纯传授语言知识和技能的教学思想和实践，向以学生为中心、既传授语言知识与技能，更注重培养语言实际应用能力和自主学习能力的教学思想和实践的转变，也是向以培养学生终身学习能力为导向的终身教育的转变。

  在多媒体环境下，教师的教学方式仍然主要停留在和传统的听力教学模式相仿的程度上，仍然只是给学生放音—学生反复精听教材内容—核对答案的教学模式。学生没有充分参与到学习与讨论中来，对知识的建构也只是靠教师的"填鸭式"灌输，学生的自主学习能力没有得到培养和提高。师生之间的互动以及多媒体设备的利用效果较差，没有发挥多媒体集图、音、视为一体的优势。这是当前多媒体环境下大学英语听力教学模式中的一个亟待研究和解决的问题。新的教学模式应以现代信息技术，特别是网络技术为支撑，使英语的教与学可以在一定程度上不受时间和地点的限制，朝着个性化和自主学习的方向发展。新的教学模式应体现英语教学实用性、知识性和趣味性相结合的原则，有利于调动教师和学生双方的积极性，尤其要体现学生在教学过程中的主体地位和教师在教学过程中的主导作用。在充分利用现代信息技术的同时，要合理继承传统教学模式中的优秀部分，发挥传统课堂教学的优势。

  （三）缺乏教学设计

  教师在教学设计上的缺失是英语听力教学中的一个突出问题。对于教师来说，尤其是年纪较大的教师，由于受到年龄和接受新鲜事物能力的影响，从传统的录音机播放听力的教学转变到当今的多媒体条件下的听力教学，相对困难。大部分教师在认识上存在偏差，仍把多媒体简单地视为录音机的升级设备，从而使多媒体失去了优势作用。此外，有的教师还过分依赖多媒体，忽视了学生的主体地位和教师的主导作用，教师变成了多媒体设备的操作者，缺乏传统课堂上的师生情感沟通，从某种程度上说，削弱了教师的临场发挥能力和"教"的作用，这种过分依赖媒体手段的"科学性"和"先进性",忽视教师人文精神追求的做法,是不可取的。

在日常工作中,不少教师都提到了不知道如何进行听力课的教学设计,有的甚至不知道要进行教学设计。传统听力课堂上往往采用教师放音—学生听—核对答案这一模式,显得似乎是否有教学设计并不重要。但是,在如今多媒体环境下的大学英语听力课堂,教学信息量大,教学形式增加。如果把多媒体引入到听力教学,其中的一个优势就是,可以一直使用多媒体课件来贯穿整堂课。教师普遍使用的教学课件是教材附带的多媒体课件,虽然教师上课的时候会直接使用,但并没有对其进行相应的修改。有的教师是因为缺乏多媒体课件的制作技能,无法制作新的课件;有的教师则是觉得,有现成的课件很方便。这种千篇一律的课件和教学形式,没有发挥建构主义理论指导下的多媒体环境下的情境性、社会性和协作性的优势,失去了教师原有的教学风格,也失去了因材施教的针对性,那么可想而知,教学效果就会不尽如人意。

(四)忽视过程性教学评价

教学评价,是对课程或者教学计划、活动及结果等有关问题做出价值判断的过程。教学评价是研究教师的教和学生的学的价值的过程,主要是对学生学习效果的评价和教师教学工作过程的评价。评价本身也是一种教学活动。在这个活动中,学生的知识、技能将获得长进,智力和品德也有进展。教学评估是大学英语课程教学的一个重要环节,全面、客观、科学、准确的评估体系,对于实现教学目标是至关重要的。教学评估既是教师获取教学反馈信息、改进教学管理、保证教学质量的重要依据,又是学生调整学习策略、改进学习方法、提高学习效率和取得良好学习效果的有效手段。

关于教学评价,一部分教师认为:"每学期英语课的成绩都是以期末考试试卷的分数来评定的,听力测试只是期末试卷中的一个部分,一般只占10分至15分。没有对于听力学习的单独评价方式,在平时的授课中没有及时清楚地记载学生的表现和成绩,无法评定学生听力水平是否提高。学生往往对听力也不重视,缺课的现象较综合英语课要严重一些。"

这种终结性的评价方式,以一张听力测试卷来确定学生的成绩,忽视了学生的平时表现及进步,是不利于教学效果的提高和学生的自身发展的。另外,作为综合英语的一个分支,听力课在公共课的范畴里没有对其进行单独评价,导致学生对听力课不重视,这本身也是从管理者——学校和指导者——教师角度，对于大学英语听力的弱视。

（五）教师自身综合能力不足

很多英语教师，一般只注重自身专业理论知识和技能的训练，对于一些教育学理论，如建构主义理论和双语习得理论等，缺乏足够的学习和认识。没有这些理论的指导，教师不能深入了解语言习得的内在规律、情感因素对于学生学习的影响，不能及时更新有效的教学方法，忽视了社会性相互作用在学习中的重要意义。缺乏理论指导的教学实践就像失去了方向的风筝，教学行为将摇摆不定。教师需要从教学理论出发，理论应用于实践，才能立足于学科性质和学生的习得规律，把实践效果发挥到最大化。

此外，并不是每位身处一线的英语教师都具有较好的英语的听、说、读、写、译五大基本技能，有的教师自身听说能力相对较弱，在指导学生进行听力训练的时候，不能为学生提供一套相对有效的练习听力的学习方法。每次的听力课只是操作书本和放音设备，这样做不利于听力课教学。所以，作为教师应该注重自身的综合能力的提高，不断充实自己，具备扎实的理论功底和专业技能，利用自身的优势更好地完善教学过程、改善教学效果。

（六）听力过程中缺乏互动

目前的听力课堂，依旧是传统的师生关系，基本是注入式讲授，学生被满堂灌，师生之间缺乏沟通，教师的权威仍占主导地位。语言交际的种种手段，例如师生、生生之间的交流，在听力中往往没有得到重视。最初组织生生之间的交流互动时，往往需要教师花很多的时间和精力组织。有的教师觉得操作起来麻烦，就放弃了。由于教学过程中缺乏交互，学生间的语言交流、听力材料当中的部分信息也在言语缺乏中招致流失。有时候即使有交互行为，也是用母语代替英语表达，没有起到交际的目的，也不能调动学生对听力学习的积极性。

（七）学生听力理解综合能力较弱

听力问题已经成为不同年级、专业学生的共性问题。学生的听力障碍问题，主要集中在辨音错误、语速快、词汇和文化背景知识缺乏、语法知识掌握不牢，以及受心理因素的影响产生的焦虑等方面，这些导致学生不理解说话人的内容，更谈不上逻辑推理，从而造成失分。

1. 辨音错误

这一类错误是由于辨音能力弱造成的，在日常的教学过程中，由于疏忽了辨别近似音的训练,部分学生很难把相近的音素区别开来。例如:pirate/ˈpaɪərət/和 pilot/ˈpaɪlət/。薄弱的辨音能力已经影响了学生对于听力内容的识别和理解。

在听力过程中,当遇到连读发音时,部分学生无法从语流中把一个个的词分辨出来,或者会误听成其他的音,这也是听力失分的原因之一。常见的连读现象有:前后相邻的两个词语,如果前一个词以辅音结尾,后一词以元音开头,则可以进行连读。例如:put it on,not at all,think of it 等。另外,如果前一词以本身不发音的字母"r"或"re"结尾,后一词以元音起首,则"r"或"re"发[r]音,并与后面的辅音连读,如:far away。如果学生没有很好地+掌握连续音的读法,那么就很难判断所听的短语或句子。

2. 词汇缺乏

词汇是语言的基本单位,不熟练掌握词汇,就无法掌握一门语言。掌握词汇的多少与牢固程度,直接影响着人的语言表达能力、思想表达的丰富与准确程度,词汇量的多少,也必然影响到听力理解的水平。目前,学生对大多数词汇的掌握程度,还仅局限于认识的层面,学生习惯于机械背诵单词的拼写,不明确单词的使用方法,此外还疏忽了单词的发音,不能从听觉上刺激大脑所产生的信息。当听到语言信息的时候,不能做出正确、快速的反应,影响听力技能的提高。从测试卷听写题大量失分这一现象,不难看出,这正是词汇缺乏的清楚写照,很多词其实学生已经学过,但是并没有灵活运用,背诵过的单词短时间也就忘记了,导致在写的过程中,很多单词学生都觉得很熟悉,但是写不出来。

3. 语法知识不扎实

语法是语言的组织规律,良好地掌握语法知识,有助于学生正确理解语义,提高听力理解能力。在日常学习中,由于缺乏足够的语法知识,在阅读篇章的时候,就无法正确理解句意,更不用说听清、听懂结构比较复杂的长句,以及句与句之间的逻辑关系或者短文篇章了。学生在遇到篇章听力理解的时候,往往听清了,但是听不懂,原因之一就在于语法知识的不扎实,没有理解句子的含义及上下文的逻辑关系,从而失分。

4. 文化背景知识的缺乏

学生听不懂英语的一个很重要的原因是,缺乏英语国家的文化背景知识。老师在多媒体环境下的教学过程中,有时疏忽了对于文化背景的介绍和渗透，这是需要引起教师注意并改进的。一段听力，学生往往能够字字句句都听清，但是却不知道说话者的意图，这就是因为缺乏文化背景知识。文化背景知识涉及面广、渗透到生活的方方面面中。文化背景知识的补充，有时甚至能够弥补单纯语言上的理解。

第二节　影响互动式英语听力教学实施的因素

互动式英语教学的设计来源于对影响教学效果多种因素的综合考虑，这些多种因素包括学生的学习动机、教学环境的特点、教学内容的难易、教师自身的个性与水平、学生学习策略的培养等。

一、学生学习动机的培养

外语教育心理学认为，学生学习外语最有效的方法是让他们注意力集中，积极参与到语言学习当中。激发和培养学生学习的动机，制订明确的教学目标，激发和保持学生的学习内动力，引导学生运用科学的认知策略进行学习，达到最佳的英语学习效果。学习动机是由学生的学习需要引起的，直接推动学生进行学习活动的内部动力，即学生进行和维持学习活动的主观原因。

按学习动机的长远性，可分为远景动机和近景动机。

远景动机具有稳定性，表现为一种持久地推动学习的力量，而不易为情境中的偶然因素所改变。例如：报效祖国，立志成为国家有用的人才等。近景动机是学习活动跟其结果相联系的一种学习动机。这类动机比较具体而有实效，但起作用的时间较短暂而不稳定，具有较大的情境性，容易因情境的改变而消逝。例如：为应付考试，或为考试取得好成绩，为继续升学等。

一种好的学习动机，应该既具有远大的前景目标，又要有切实的、具体的近景学习目标。这样的学习动机才会推动人不断地努力学习。

为调动学生在课堂上的学习积极性，在英语听力课上，教师应该引导学生把远景和近景两种学习动机结合起来，把自觉性和兴趣结合起来，充分发挥、激发和保持课堂学习积极性的作用。具体的做法可以是：

（一）明确、生动地提出每课的要求

讲明每一节课教学内容在生活中的具体意义，以及它在整个体系中的地位，能够引起学生对所学内容的重视，引起学生的求知欲和探求心理，从而调动其积极性。为了激发学生在课堂上的近景动机和兴趣，最好从题材和体裁角度讲清当堂课语言材料的交际功能，将获得运用英语语言交际能力的长远需要和眼前的学习内容联系起来，使课堂教学要求变成学生自己的需要，这样才能产生一种主观的积极态度。

（二）帮助学生在学习上获得成功

引导和帮助学生在学习上成功，可以使学生在学习中获得愉快的情绪体验，从而可以培养、巩固和进一步激发学生的学习动机。

1. 要对学生多做肯定的评价

对学生来说，没有比能得到教师的夸奖更能鼓舞人心的了。很多学生说："受到老师的表扬，心里特别畅快，学习劲头就特别足。"这说明了表扬和鼓励的作用。但是，教师在评价学生时应当注意以下几点。

第一，评价要及时。这样才能引起学生的注意，使评价对学生产生清晰而深刻的印象。

第二，评价要恰如其分。这样才能使学生对教师的评价产生权威感和信任感。否则，评价不仅不能发挥应有的作用，反而可能走向反面。

第三，评价要具体化。教师应尽量发现学生的闪光点，应当首先指出其优点，然后再指出其不足之处，并勉励其改之。这样，才能使学生有进一步学好的信心，同时，产生努力改正不足的愿望。

第四，评价要多样化。因为每个学生的优点都不可能一样，他们的进步大小也不可能一样，所以，在评价时应力求避免用单一的、呆板的评语，而应当使用各种生动而贴切的语言来评价学生，如"Very good!""Well done!""Great!""Excellent!""Keep up the good work!""You are intelligent!"等，使他们感到自己具备很多长处，有不少进步，使他们确信，他们还能做得更好。相反，如果用千篇一律的评语，学生会对之（麻木不仁），甚至会产生反感。

2. 坚持区别对待的原则

帮助学生在学习上获得成功的方法是因材施教，要做到这点，必须懂得区别对待的原则。老师首先要对每个学生的性格、学习态度、学习方法、学习成绩等做到心中有数，并对他们提出相应的学习要求。一般说来，对学习好的学生应该"苛刻"一点，对他们要"高标准，严要求"，但是同时不能缺乏鼓励，要鼓励他们冒尖，好上加好。对学习中等的学生应该是鼓励和敦促兼而有之。学习中等的学生一部分是想学好，但心理压力过重；一部分脑子比较灵活，但学习不太用功，而且甘于学习平平。所以，对前者应加以鼓励，以减轻他们的心理压力；而对后者则就施以压力，加以敦促，激发他们的上进心。

另外，值得注意的是，学习中等的学生往往是被忽略的对象。当他们被关注的时候，他们的学习也许会进步得很快；而被忽视的时候，往往因情绪不佳而出现学习退步的现象。所以，关注学习中等的学生，也是必不可少的。

对于学习差的学生，要有特别的耐心和指导。他们往往自卑感较强，所以要特别关心他们，要照顾好他们的情绪。比如，针对学生的不同水平，教师在提问题时，就应当准备较容易的、难度中等的及难度较大的三类问题，分别让不同水平的学生回答。课堂上要让学习差的学生有机会回答问题，而且问题不宜太难。这样，他们就容易答对，从而获得成功后的愉快情绪体验，产生学习积极性。如果对老师的问题答不上来，就不要强迫学生回答，可以让学生先坐下思考一会儿再回答，或回答另一个力所能及的问题。

这样做，一方面，能帮助学生理解问题，并加深对问题的印象。另一方面，不至于伤害学生的自尊心，影响他们的积极性。总之，教师要做到因材施教不仅要有方法，更主要的是要有一颗爱心。

二、教学内容的选择

互动英语教学要选择合适的教材，这样才能顺利、有效地实现教学的互动。适合互动课堂的英语教材，应该是给学生提供真实的语言情境的材料，这些材料的形式应该丰富多彩，能够满足学生用于小组或其他趣味活动中角色扮演、游戏、辩论等的需要。互动采用的材料必须是真实的，如电影、电视、录像、影碟等，这些为学习者听力的练习提供了丰富的资料，增强了他们学习语言的动力。一般来说，老师所选的材料应该是能够激发学生听力兴趣，增强学生学习动机的文章，且知识水平略高于学生现有的外语水平，生词量应控制在全文总数的 5%左右。

在选择教学内容时，应从学生的实际情况出发，优先考虑语言难度适中、内容新颖、对学生有实际指导意义的材料。教学材料难易要适当，不能过难，也不能过易。"跳起来摘的果子比捡起来的好吃"，为使每个学生都能跳起来摘果子，就得准备各种各样的"果子"。这样可使每个学生都能获得"摘果子"成功的满足感和"吃果子"的喜悦感。不仅如此，老师还应根据一学期末进行的学生问卷调查的结果，对教学内容不断地进行修改，力争与时俱进，确保语言学习紧密联系现实生活。在以学生为中心的交互式教学中，教师提前布置下一周的英语课主题，学生在课下围绕这一主题搜集相关材料，并将其上传网络。课堂上教师首先以视听方式引出主题，然后组织学生根据自己搜集的资料，进行小组讨论和班级讨论，做报告或展开辩论。

三、教学环境，尤其是师生间良好心理环境的建设

学生的学习行为和他们所处的环境密切相关，这个环境包括物质环境、心理环境和人际环境。从物质环境分析，要为学生的学习创造空间，包括教室的布置、桌椅的排列。从心理环境分析，要为学生的学习创设一个好的情境，让学生有一个宽松的心情。从人际环境分析，要为学生的学习创建一个良好的氛围，让他们有一个和谐的人际关系。

（一）优化英语学习环境

环境是指英语输入和输出的外部条件，包括物质环境、情境和语境。优化英语学习环境，就是从学生的认识水平、思想状况、英语基础、学习内容和学习要求等方面进行周密思考，利用和改善现有的环境，创造适合的环境，使学生能够参与交际，乐于参与交际并在参与中得到听、说、读、写方面的有效训练。

（二）营造浓郁的外语教学氛围

教学应让学生们感受语言的魅力，使其"心动"。外语教师的教态要大方、自然，富有异国情调，发音要尽量纯正、地道，人物的言谈举止，一颦一笑，要尽量模拟到位，从而让学生感受到语言是活的、富有生命力的。外语教师要把外语课堂变成交际性的大舞台，充分利用直观教具和现代化的教学媒体创设直觉、听觉感应良好，易于模拟、理解的交际场景。

语言是文化的载体,外语教学要时时将课本中的文化背景知识渗透到课堂教学中,学生们体验到异国文化确实带给他们新鲜、有趣、刺激的感应,他们才能渴望了解外面的世界。教师可因势利导告诉学生希腊文明、爱琴文明源自欧洲,神奇的玛雅文化源自美洲,音乐之乡在奥地利,剑桥大学是留学、寻梦的理想大学,等等。告诉学生外语是帮助他们了解外国文化的最好工具,摄取它可以融入更广阔的世界。语言的魅力源自语言本身,学生们对外语产生了浓厚的兴趣,强大的内驱力将会促使他们更加积极、主动地学习。

（三）创造师生平等的课堂环境

人本主义教育心理学十分强调师生关系,认为教育的成功,很大程度上依赖于教师和学生间真诚、接受、理解的程度。因此,在课堂上创造师生间平等和谐的氛围,至关重要。上课前学生和老师问候时可以不起立,学生回答问题时也可以不起立,学生在课堂上可不用举手随时质疑。学生和教师观点相反时,允许辩论,允许保留意见,教师对自己的过失要勇于承认,立即纠正。另外,在教学安排上,教师可根据大纲的要求和教学目的,从学生角度出发,与学生共同讨论,决定部分授课内容和方式。这样,师生感情融洽,配合默契,教学任务也就能顺利完成。

四、对教师自身素质的要求

互动式的英语听力教学对教师的综合素质提出了更高的要求,包括教师的教育观念、专业素养、教学能力、人格魅力与情感交流等。

（一）对教学观念、专业素养、教学能力的要求

1. 更新教育教学观念

要以全新的理论素养和现代的视野引领课堂教学的组织形式,就要更新教育系教学的观念。一线的英语教师是新的理论研究成果的实践者,是新的教学方法的探索者,是课堂教学活动的组织者,是学生学习策略的指导者,因此,教师的理论素养和对教学法研究的程度,直接决定着教师的课堂活动特色,直接影响着学生英语素质的高低。如果教师因循守旧,视野狭隘,在课堂上还扮演着知识的传授者、课堂活动的讲演者、课堂组织家长式的角色,就很难保证学生对英语具有广泛持久的兴趣和积极性,就很难使教学活动具有广泛的交际性和实践性,当然,更领略不到师生在开

放性课堂里融洽的感情，享受共同探究和实践英语所带来的快乐。

2. 教师提高自身专业素养，迎接全新的课堂活动带来的挑战

新的教学理念和要求，给英语教师带来了前所未有的挑战。英语作为一门语言，其交际性决定了英语这门学科具有很强的实践性。它要求当今的英语教师应具有精深的专业知识、较强的口语表达和交际能力，具有广博的世界人文地理知识。在以交际互动活动为特色的开放式课堂中，创设有效的交际情境，让学生浸泡在浓郁的英语氛围和语言环境中，进行各个方面技能的训练，是英语教师的基本职责。如果英语教师自己缺乏英语表达能力，在语言的运用中处处受制，仍采用汉语讲英语、重语法讲解轻能力培养的老路，怎么谈得上创设英语氛围和语言环境，对学生进行英语听力以及思维能力的培养呢？

教师要重点关注信息而非语言形式。人是智能动物，在智力上得不到满足时，学习者会很快产生厌倦感。因此，教师应具有丰富的知识储备，不断给学生增大信息，从纯文学性向科技性、知识性发展，内容涉及环保、克隆、IT产业等新科技知识，从而对学生智力构成挑战，激发他们的学习热情。

3. 教师增强实践教学能力，实现以学生为中心的课堂教学

教师灵活多样的教学方式如一个强大的磁石吸引着学习者。这种教学活动的魅力主要表现在：教师能选择各种各样的题目和任务，采取以学生为中心的互动交流式的教学，使他们成为语言的参与者、研究者、创造者。教学方式可以是对话、小组讨论、角色扮演、采访、游戏等。课文学习前，可给学生布置主题听力作业，要求他们预习课文，并从杂志、报纸、互联网上收集资料，大大调动了学生的积极性。此外，现代外语教学手段，如录音、录像、电视、计算机多媒体等集视听为一体，进行全方位信息输入，都具有积极的意义。

（二）构筑英语教师的个人魅力和风格

除了教师应有的基本道德素质以外，还应当具有一定的个人魅力和风格。教学活动是在以人为本的教师和学生之间展开的。教师能否给学生留下美好的第一印象，对以后教学活动的顺利开展起着重要作用，因此，教师的外在魅力应该表现在：穿着整洁，打扮得体，形象宜人，赏心悦目，给学生以吸引力。

作为教学活动的组织者、协调者、向导、顾问、管理者，教师的人格

魅力深深吸引着学生，并对其有着潜移默化的影响。优秀的外语教师不但要专业过硬，还要具备良好的品质，如无私的奉献精神、强烈的责任感、爱心、敬业、严谨、真诚、坦率、谦虚、良知、自尊、自爱、自强等。所有这些对学生的英语听力水平甚至于整个外语水平的不断提高、能力的不断增强，都起到积极的作用。作为教师，首先要站在学生的最前面。以身作则，严于律己，以理服人，以情动人，说到不如做到，充分运用自己的个人特点和良好性格感染学生，让学生意识到自己言行举止的重要性。教师是学生的标榜，其言行举止潜移默化地影响着学生的学习和生活。只有严格要求自己的教师，才能培养出严格要求自己的学生。

（三）增进与学生有效的情感互动

外语课堂教学语言实践活动量大，活动频率高，为了更好地完成信息量的输入，教师在精心设计教学内容的同时，要更多地融入自己的情感，并关注、激发、唤起学生情感。任何先进的传播媒介，之所以不能完全取代教师，重要原因就是教师能创造富有情感的氛围。

1. 关爱学生

教师要有丰富的表情和语言——和蔼、可亲、大度，说话有礼貌，尊重学生，承认学生的个体差异，用平等的态度对待每个学生，能容忍学生暂时性的、过渡性的错误，不呵斥、批评、讽刺、挖苦学生，多给学生以成就感，帮助学生树立自信心。从某种意义上讲，教育是师生心灵上的微妙碰撞，教师富有情感的一个眼神、一个微笑、一个手势、一个点头、一句鼓励，都会传输丰富的情感和无形力量，拨动学生的心弦，激励勇气，增强自信，有效地消除学生在学习英语中的一些心理障碍。

2. 走下讲台，拉近师生之间的距离

为扩大讲课的覆盖面，加强与学生的情感交流，教师要放下架子，走下"神坛"，多角度、多线路地变换角色深入到学生之中，让学生感受到教师平易近人的教学风范。学生"亲其师"必"信其道"。在班级容量较大或较小的情况下，可适当调整学生座位，如双排分法、四小组分法和 U 型分法等。教师活动线路可以是"8"字形、"S"形、"U"形等。

3. 做个有心人

在学生回答问题、表演对话时，教师要聚精会神地倾听。因为倾听本身就是对学生的尊重，也蕴含着对学生所发出信息的尊重。教师要爱学生的行为，爱学生的情趣，爱学生发自内心的奇思异想。所有这些爱的表达，都是通过无声的行为来体现的，学生从教师投入的眼神中感受到了鼓励和勇气，他们就会积极思考、大胆发言，愿意与教师交流、沟通。同时，教师还可通过行动细节和学生建立密切的情感。例如，在观看他们表演时，轻轻拍拍他们的肩膀，鼓励一下。发现他们紧锁双眉，听力题出现困难时，走过去帮他们分析、解决。这些不起眼的"小动作""小帮助"，也许会给学生们留下深刻的印象。

五、加强对学生学习策略的培养

绝大多数学生喜欢以一种自然的方式学习，并且喜欢有老师的指导；同时，大多数学生不习惯自己独立学习英语听力。因此，教师应多给学生介绍有效的学习方法，加强学生学习策略的培养，以此促进学生的自主学习。在语言习得理论中，语言学习策略是指学生在发展第二语言或外语技能中，促进学习而使用的具体行为步骤或技巧。它包括六个方面：第一，元认知策略。诸如注意力集中、有意识地寻找练习机会、制订学习计划、自我评价学习的进步以及监控错误等。第二，情感策略。如减低焦虑、自我鼓励等。第三，社会策略。如积极与目标语的本族语者的接触和文化意识等。第四，记忆策略。如归类和意象等。第五，一般认知策略。如推理、分析、概括和操练等。第六，补偿策略。如根据上下文猜测意义以及迂回表达等。

（一）对学生进行元认知策略的培养

学习者的元认知水平高，其学习的自控能力、自觉性、目的性、计划性、灵活性和领悟性就强，且善于选择适合自己的学习目标、途径和策略，因而学习能力强。想要教育学生学会学习，就要培养学生的元认知，并促进其发展，只有动机明确、肯下功夫、乐此不疲的人，才能真正学会学习。另外，要学会学习，学习者必须发展独立学习的能力，驾驭整个学习过程，因此要自觉地制订学习计划、实践学习计划、进行学习评价，把这几个环节抓好，这些都需要学习者具有较强的自我监控能力。

除了向学生进行外语教学的重要性教育，更重要的是，让学生明白大学英语学习的阶段性目标是什么，在听力方面的具体要求是什么。让学生朝这个目标主动发展，有意识地依据目标制订学习计划、进行实践及评价自己的学习过程与结果。要求学生根据教师提出的要求去制订计划，课堂上时刻保持高度的注意力,主动参与分析、推理、归纳等认知过程;主动寻找或创造机会,进行语言交际训练;主动做好预习、复习工作;主动拓展与语言学习有关的知识。

教师应培养学生对学习的自我管理能力。这种能力可分为宏观调控能力和微观调控能力。

宏观调控能力指经常对学习进步和学习策略进行反思,并及时做出调整。比如说,不能清楚地明白听力的具体含义,是什么原因?考试失利了,又是什么原因?学习者应常常根据自己的认知特点对自己的学习方法有所反思。

微观调控发生在学习活动之前、之中或之后。例如,对不同的听力任务,要运用不同的策略;对常用和不常用的单词,也要采用不同的策略。一个学生如能对自己的学习过程进行监控,对自己有分析、有评价;对语言学习策略有选择、有评估,一发现问题,及时调整,这就掌握了学习的主动权,就能避免学习策略使用上的盲目性、随意性,这个学生就是一个优秀的学习者。

(二)情感策略的培养

在具体的学习过程中,尽管学生目的明确,主动性较强,也难免会碰到困难和挫折,产生急躁情绪或焦虑感,给学习带来负面影响。教师应训练学生保持良好的心理状态,使用情感策略来控制自己的情绪,保持较强的学习动机,减少焦虑,自我鼓励,使整个学习过程平稳向上。

情感策略的培养应贯穿教学的全过程,特别是培养学生"听"这项基本技能方面,尤为重要。学生在听力练习中常产生焦虑感,而焦虑感与学生的听力水平通常是负相关。由于一部分学生听不明白材料的内容,又比较拘谨、害羞、爱面子,不善于表达,所以,英语听力的水平不能得到有效的提升。因而,教师应该创造一个宽松的教学环境,鼓励学生克服心理障碍,大胆参与交际,积极与人交流合作。情感策略的培养,还包括对学生意志和毅力的培养。教师在学生整个学习过程中,应经常注意学生的情感变化。对于不能持之以恒的学生,应以鼓励为主,帮助他们建立起自信心和始终如一的学习态度,帮助他们正确对待成功与失败,战胜自我,不断完善。

(三)社会策略的培养

学生在求知过程中所持的态度和方法,应是积极的或者说具有进攻性的，而不应是被动的。在听力练习的过程中，学生要积极主动地学习，遇到不明白的问题及时地向老师以及同学请教。社会策略培养的另一个重要组成部分是帮助学生认识、了解目标语国家的文化习俗、社会结构、政府职能、科技教育等。教师应指导学生通过看录像、看电视、听讲座等途径，了解目标语国家的文化背景。例如，《走遍美国》形象生动地向学生展示了美国的社会、生活习惯、思维逻辑、道德标准、价值观念等。社会策略的培养，对语言学习有直接或间接的影响，已越来越受到广大教师和学习者的重视。

（四）一般认知策略的培养

一般认知策略与个人的学习任务更直接相关，它包括推理、分析、概括和操练等能力。就语言教学来讲，怎样围绕听力能力对学生进行学法指导，就是认知策略培养的具体实施过程。在此，以听说能力的认知策略的培养为例，做进一步的说明。

听与说是不可分割的，能听懂英美人士的地道英语，能说一口纯正的英语，是语言学习者向往的一种境界。通往这种境界的渠道很多，对大多数学生来说，课堂是主渠道。师生间的课堂讨论是听说能力实践的主要阵地。学生在不同的课堂类型中，应运用不同的认知策略，即不同的认知方式。

例如，在讲授课上认真听教师和其他同学的发言和讨论，能监控他人的言语。积极参与课堂讨论，对自己的言语进行监控。其他同学在回答问题时，首先自己进行默答，并比较自己与他人的言语差异。不仅关心语法和语言的表面形式，还注意语言形式在不同社交场合中的意义。

在讨论课上结伴对练时，做到主动、有信心。注意捕捉对方有用的信息，运用已经学的语言知识发展对话。避免流于形式，避免母语的干扰，切忌生搬硬造。课前就教师布置的题目认真准备。克服焦虑感，踊跃发言，如有必要，可借助实物、幻灯和投影仪帮助阐明观点。注意别人的发言，特别是注意他人表达时所用的精彩片段，用简单扼要的几个句子在心中将他人的发言加以概括或提炼内化成自己的东西。重视教师对自己和他人发言的评价和总结性发言。课后及时反思和总结。

在听力课上重视教师对所选教材的说明，琢磨该教材的编排特点，明确训练的方法、进程和目标。重视热身训练，调整好自己各感官的功能，尽快进入状态。养成在听的过程中快速摘记重点词的习惯，善于抓住文章脉络，捕捉有用信息。

在录像课上注意语言在不同社交场合中的使用。注意日常生活中大量使用的习语、俚语、俗语。注意不同民族的文化差异。注意模仿故事中各种人物的交际方式和语言表达方式。

除课堂渠道之外，教师还应帮助学生运用以下一些辅助性的认知策略。例如：参加英语角、听英语歌曲、短诗等，还可看些原版的电影。

（五）记忆策略和补偿策略的合理运用

大学生学外语最头痛的问题莫过于单词的积累和听力能力的培养。教师应帮助学生获得并运用一些记忆策略和补偿策略。例如，能区分重要和不重要的词汇，并对此采取不同的策略。把猜词义和查字典有机结合起来。不孤立地记单词，而是记短语、记句子，并且把这一任务和课文结合起来。对于听力部分可以采用重复练习的方法，对某段材料重复地听，认真地思考。

第三节　互动式英语听力教学的实施策略

当前，在教学中如何培养学生的自主学习能力已成为一个热门话题。当自主学习成为教学的目标时，也应将策略培养纳入课堂教学。在我国，学生主要是通过课堂来学习来英语。因此，学习者是否能学好英语，在很大程度上要依靠教师，而教师是否能教好学生，需要科学的教学策略。教师的教学方式应根据学生的需求进行调节。教学的有效开展所依赖的正是教学方式的有效调节，而教学方式的有效调节，则是教学策略运用的结果。听力是英语学习的基础和首要环节。然而，许多非英语专业学生，在英语学习中，仍然只重视语法知识训练，忽视听说能力培养。由于受主客观因素的影响，学生在听力上存在严重缺陷，在考试中听力失分最多，这给教学工作带来了难题，影响到教学质量的提高。为此，笔者结合教学实践，探讨一下听力教学策略在大学英语教学中的运用。

一、听力教学策略的重要性

在教学领域，教学策略是指教学活动的顺序安排和师生间连续的实质性交流，指实现预期效果所采取的一系列有用的教学行为。与以往所提的教学方法相比，教学策略是一种跨方法且包容技巧的概念。听力教学策略是指有助于培养学生听力能力的课堂操作方法和技巧。听力是所有其他能力发展的基础，主要体现在：

（一）听是语言交际的首要形式

语言是人们用来进行思想交流的工具，它的形成是先有声音，后有文字。我们学英语离不开听和说，而听恰恰是进行语言交际最基本的手段。只有听懂了别人的意思，才能表达自己的意愿，最终达到与别人交流的目的。我们学习英语从听入手，是完全符合语言学习规律的。

（二）听是感知语言信息的最初形式

听是理解和吸收信息的途径。从心理学的角度讲，一切言语活动是以自身的言语感知为基础的。人的听力不是生来就有的，它需要一定的锻炼才能形成。在人的五官中，耳朵是最灵敏的。测试表明，人通过耳道摄取的信息量远远超过视觉。听是一种语言信息输入，信息经过大脑的加工后，才会有说——语言信息的输出。

（三）听是语言学习起始阶段的一个重要环节

真正的听是大脑对传入耳朵的声音信息进行加工，即运用大量储存在大脑中的知识对耳朵接收的信息进行分析、判断和理解，使大脑进一步获取新的知识。在语言学习的五种技能中，听既是基础，又是关键。据语言学家统计，人在日常社会生活中语言的使用情况是"听"占 45%，"说"占 30%，"读"占 16%，"写"占 9%。由此可见，听力能力对习得其他言语技能至关重要。老师对英语听力教学策略要予以特殊的重视，从中找出科学合理的方法和技巧，来提高学生的听力能力，保证教学质量的提高。

二、影响英语听力理解的几个因素

大部分学生在中学没有经过正规的听力训练，许多学生在听录音时，常常感到听单词容易，听一个完整的句子或一小段短文却很困难，以致听力成为英语学习的一大障碍。学生听不懂英语，是由多方面的原因造成的，影响听力理解的因素主要有以下五个方面。

（一）语音因素：对语音系统知识的了解不够

如果发音不准确，大脑里储存的语言记忆与所听到的语音不尽相同，就会出现理解上的差距。语音、语调是影响听力理解的一个关键因素，连读、同化、语调及重读等语音因素，都会对听力产生不同的影响。例如：It's a great pleasure. It is a great pressure. pleasure 和 pressure 两个词读音相似，意思却根本不同。He has finished his job.降调表示肯定，升调却表示怀疑。所以，教师要让学生掌握语音基础知识，学习和模仿地道的语音、语调等。

（二）知识因素：对词汇和语法系统知识的掌握程度不够

学生由于英语词汇量小、对语法基础知识的掌握不够牢固等，导致在听力过程中，对某些单词、短语及句子结构的理解出现困难，由此对听力产生厌倦情绪，逐渐对听失去兴趣。如：She is fine. She is fined.两句的 fine，词性不同，意思也不一样。又如：

A：What do you think of the movie you saw yesterday？

B：I would rather have stayed at home.

如果学生不清楚 would rather have stayed 这一虚拟语气用法，就容易对句意产生误解。教师一定要注意抓好这两方面的练习，培养学生在听力上的兴趣和信心。

（三）文化因素：对语言背景知识的了解欠缺

学生在听的过程中常出现只懂个别词和句，而不理解整个语篇的情况，这与学生不了解该篇材料相关的文化背景知识有一定关系。不熟悉西方社会和文化，听完后不一定能完全理解其中的含义。

例如，在美国的 drugstore，除了卖 medicine 还有 film, magazines, beauty products, simple meals 等出售。因此，教师给学生听录音材料时，要适当地介绍有关背景知识，这不仅能扩大学生的知识面，还能提高他们的听力理解能力。

（四）情感因素：学生出现听力恐惧和情感焦虑

听的对象是语言的声音，听的性质决定了在听的过程中，听者一定要保持思想高度集中。否则，稍不留意，关键地方一旦疏漏，整个信息就可能间断、失真。听是一项高度复杂的言语技能。学生害怕听、出现情绪焦虑等，都会对听力活动产生负面影响，从而影响到听的质量。教师在平时的训练过程中要有意识地设计有效的教学方法，最大限度地降低学生的焦虑感，帮助学生树立信心和提高听力水平。

（五）心理因素：在听力过程中的注意倾向不一致

注意是认知心理的一种特征，而听力理解是认知心理活动的一个过程，所以注意与听力理解存在着密切关系。在听的过程中，由于内心紧张，注意力往往不能高度集中，注意力一旦分散，记忆理解就深受影响。教师要帮助学生保持良好的语言收听状态，克服畏惧和紧张心理，激活记忆意识，在注意力高度集中的状态下正常发挥自己的听力水平。

三、明确教学目标

互动式的英语听力教学，要想获得良好的教学效果，首先就要有一个明确的教学目标，这样才能改变学生被动学习的局面，对学生进行多方面的培养，提高学生的综合素质，同时也可以提高教师的教学水平。

（一）改变学生学习的被动局面，培养其创造性思维

互动式教学法就是给学生设计了一个展示自己能力的舞台，学生在这个舞台上可以尽情地表现自己的专业知识、语言艺术等多方面才能。为了使教学内容充实，突出自己的教学个性，他们不但要查阅大量的参考文献，还要在此基础上将之分析、归纳、总结，并提出自己的见解，这不仅有利于拓展学生专业知识的深度与广度，更重要的是，可有效地调动其学习的主观能动性，有利于充分发挥其创造性思维与个人特长。

（二）培养多种能力进而提高综合素质

要想讲好一堂课，除应熟悉所授内容外，还必须有良好的心理素质以及语言表达、文字板书等各方面的能力。在互动式的英语听力教学中，学生需要查找一定的材料，通过阅读获取大概信息，筛选有效资料，再详细阅读，同时学生还要组织自己课堂展示的语言，以便组织安排好课堂互动活动的材料。这一切活动都需要专业知识与语言知识支撑。虽然大部分学生在准备阶段会遇到未知的英语语言点，通常他们采用借助字典或与他人讨论等方法解决问题。尤其值得一提的是，调查显示多数学生认为锻炼了自己的语言安排和组织能力，这是传统教学法所不能及的。因为在准备的过程中如果材料安排不合理、语言组织不恰当，整个活动展示会显得杂乱无章，效果也会不好。因此，互动式教学的实施无疑使学生在以上各方面都得到了锻炼机会。

四、互动式教学的常用教学形式

互动式的英语听力教学中常用的教学形式包括：提问式师生互动、小

组中学生之间的互动。

（一）提问式师生互动

通过提问，刺激学生用英语进行交际，做好课前热身准备。教师根据课文内容及学生的预习情况，对学生较熟悉的课文内容，或感兴趣的话题，采用师生问答的形式开展教学活动。教师在设计问题时，应具有艺术性，努力构建一个充满人文关怀、人人感到轻松愉快、人人企盼参与的语言交际教学情境，建立起和谐融洽的师生关系，使英语学习过程生动有趣。学习内容力求与生活密切联系，在每节课前，可以就有关学校生活问题设计一些对话。通过挑选这些与学生密切相关的或他们感兴趣的话题，诱发学生交流的兴趣与愿望，教师与学生建立了关联，迎合了学生的实际情况和需要，培养了学生的交际能力。经过课前几分钟的"热身话题"之后，可以过渡到本单元内容的讲解上来。

讲解课文内容时，提问式互动教学主要有三个步骤。

1. 预习听力材料

在学习每一课前，教师应布置预习任务，让学生对文中内容进行合理的猜测。例如，在讲解《大学英语精读》第一册第五单元 A Miserable, Merry Christmas 一文时，让学生通过预习并猜测，"为什么作者说那年的圣诞节是个又悲又喜的圣诞节"，让学生表述出自己的观点。

2. 让学生分析听力内容

通过对听力内容的分析，要让学生不仅仅理解听力材料的含义以及语言点，而且应该能够列出文章的提纲，给出每段的主题大意，明白作者用了什么样的写作手法、修辞手段以及所产生的效果。教师在教学过程中，应该注意引导学生对听力材料的内容发表自己的见解，在这一过程中，教师应起到"引航员"的作用。同时，教师根据学生的口头表达，可以从中发现学生对语法、重要短语的掌握情况。

3. 巩固练习

为了确保互动式课堂教学取得效果，还要进行巩固练习，巩固练习可以复述听力材料或讲述听力的摘要，还可以就文章的有关内容，组织学生进行讨论，甚至辩论。通过这样的课堂互动，既能促进教师积极地把学生纳入自己的教学活动之中，充分调动其积极性，又能促进学生的能动反应，使得师生在共同作用和相互促进中达到提高学生英语学习技能的目标。

（二）小组中学生之间的互动

小组合作学习，不仅有利于所有学生的参与，让其充分展示各自的个性，而且也有助于培养相互合作的精神，在互探、互学、互帮、互促的过程中，将个人的发现转化为共同的财富。

1. 小组划分的原则

合作互动学习小组的划分应遵循以下原则：无论小组成员多少，都应力求在学业成绩、性别、性格等方面具有异质性和代表性，每个学生都要看到自己的进步和不足，并在新学期树立自己努力的目标。

2. 小组划分的形式

第一种：同桌为一个合作学习小组，这是较常用的一种。其优点是随机进行，便于操作。第二种：四人小组。可由前后位四人组成，也可由相邻两对同桌组成。这种形式同样利于操作，尤其适用链锁问答，对句式的巩固操练有实效性。第三种：以座位的一竖行分为一组。这种形式在单词复习时更具挑战性、复杂性。无论采用小组、横排、竖排、同桌、四人或随机叫排哪种形式，都会收到学生积极参与且兴趣高涨的良好效果。

3. 操作步骤

（1）出示探究问题。

所出示的探究问题应当具有一定的难度和挑战性，这样才有利于激发学生的探究性和小组活动的激情，从而充分发挥学习共同体的创造性。出示的探究问题如能贴近学生的生活，大家就会很感兴趣，便会投入热烈的讨论中。

（2）小组合作探究。

小组讨论要分一定的步骤展开。可建立四至六人的异质小组进行，并给予充裕的时间，促使学生在活动中相互切磋、取长补短。教师可巡视或参与某个小组的讨论，了解情况并有针对性地进行指导。实践证明，异质小组的活动，不仅可增强学生学习的主动性，而且学生之间的互教互学可收到教师讲解难以达到的效果，从而促使学生认知、情感和语言表达技能的均衡发展。

（3）组际间互相交流。

在组长带领下，经过畅所欲言、共同探究、相互启发、互相补充，得出较完整的答案之后，由小组派代表阐述各自的意见，进行全班交流。发言中如出现错误或遗漏，可由本组其他成员纠正或补充。如有疑问，其他组则可提出质疑并进一步展开讨论。在交流时，也可采取小组集体表演的方式汇报讨论的结果。总之，教师应鼓励学生发挥想象力和创造力，表达出自己独立的见解，并展示各自独特的表达方式。

（4）总结规律。

在组际交流之后，教师应及时做出公正的评价，并引导学生将各组的观点、答案进行整理、分析、归纳和概括，从中找出规律性的东西，由此形成共识。总结时，教师应有意识地渗透学法指导，要引导学生回顾过程和方法，使他们有所感悟。当然，在生生互动过程中，教师既不能"主宰"学生学习活动的全过程，也不能推卸指导的责任，而应将有效地指导、平等的参与、鼓励学生自主选择并主动探究有机地结合起来。

4. 小组合作互动学习的全体性、趣味性和创造性

（1）小组合作互动学习的全体性。

在合作互动学习过程中，要充分利用多种形式面向全体学生，既要让尖子生更"尖"，也决不放弃任何一个学困生。尽管老师采用了多种形式、多种方式组织教学，班级中也难免有个别学生，因为智力、习惯、家庭等原因成为学困生。在这种情况下，可以采用谈心、学生之间"一帮一"活动等形式，引导这些学生跟上教学进程。课上还要注意纪律、学生精神状态的随时总结，分组竞赛、游戏教学时，做到课堂气氛活而有序、热烈而紧张。

（2）合作互动学习的趣味性。

语言学家认为，英语教学中，"趣味性"问题是头等重要的问题，它是英语学习变得容易的前提。趣味性互动活动能使英语课生动、活泼，使学生产生积极主动学习的愿望。趣味性活动在英语教学中有许多，例如歌曲、表演、猜谜、画画、说唱、竞赛等，这些都是英语学习中喜闻乐见的学习互动形式。

（3）合作互动学习的创造性。

在合作互动学习中，师生都要发挥其创造性。好的教师，可以将不好的教材变成好教材；不好的老师，可以将好教材变成不好的教材。也就是说，教师除了要提高自身能力以外，还要创造性地灵活使用教材，可以根

据学生的特点进行变通、引申及创新。教材中的情境，力争较真实地再现于课堂并创造新的环境，使学生乐于参与。

五、培养学生英语听力技能的策略

英语教学的目的是：向学生传授英语知识，使学生接受听、说、读、写、译的全面训练，从中获得一定的知识技能，最终学会运用这门语言进行交际。任何一门语言的学习都是从听开始的，教师在大学英语课堂上要讲究听力教学策略，帮助学生克服心理障碍，培养其自信心，最终提高其听力理解能力。

教师在听力教学中，可采用的策略主要有以下几个。

（一）标题探索

该项目主要用于训练主题听力技巧。教师首先介绍听的任务，使学生在听的时候，能够将注意力集中在文章的大意上。然后再播放录音材料，让学生根据所听材料选择适当的标题。

（二）概述选择

概述是文章主题的概括。教师先告诉学生在听完材料后要总结文章大意，给学生提供几个关于文章概述的听力选项，组织学生根据所听内容，选择一个最能概述文章大意的句子。

（三）排序

教师将听力材料的顺序打乱，然后交代听的任务，要求学生注意事件发生的主要线索、系列，接着播放听力材料，让学生根据情节，将故事重新排序，学生做完后可以相互讨论，最后由教师核对和点评。

（四）复式听写

该活动是一项获取具体信息的教学策略。听之前，教师要告诉学生听力材料的某些关键地方已被删掉，要求学生在听的时候，将注意力集中放在这些关键部分。教师播放听力材料，要求学生在听的同时，将缺少的部分填上。

（五）宾戈

宾戈是一种轻松的听力游戏活动。教师让学生自制表格，格数为16、20、25等，把新学的单词按任意顺序抄到表格中。教师随意说出其中的单词，让学生圈选。哪个学生的圈首先排成一直线（横、竖、斜均可），并大声喊出"Bingo"者即为胜利。

听力训练过程是一个从简单到复杂、先易后难的过程,训练形式要循序渐进、灵活多样。在实施英语教学策略的同时,要遵循听力教学原则和教学法,也要遵循听力教学教学模式。要从学生的实际出发,在大学英语课堂上不断探索行之有效的听力教学策略。在课堂听力训练中可以采取四个阶段的练习:

1. 第一阶段:听力选择题

选择题是听力练习及考试中最为常见的一种题型,这种题型可用来测试英语辨别能力(包括语音辨异、语义辨析、细节辨识、数字辨析等)和推理判断能力(包括地点推断、身份推断及态度推断等)。听的内容可以是单词、句子、对话或短文。例如:

A. He walked confidently towards the (a. peak; b. pick)

B. Is it from the zoo?(a. fur; b. far)

学生通过听录音,对语音相似或词形相近的词进行辨别,结合句意得出 A 句和 B 句的正确答案是 a 和 b。

听力原文:She said good night to her parents and went upstairs to her room.

A. Light　　B. fight　　C. right　　D. night

以上四个选项的读音非常接近,但通过听原句,只有 D 项最符合题意。

M: Here is your coat.

W: Thanks. It's very kind of you to invite us.

Q: What is the probable relationship between the two speakers?

A. Doctor and husband.　　B. Shop assistant and customer.

C. Host and guest.　　D. Teacher and student.

从这一男一女的对话内容,可判断出两人的关系是主人和客人的关系,正确答案为 C。

2. 第二阶段:听力填空题

给学生一句话或一段材料,抽掉其中关键的地方,让学生根据录音一边听,一边填空,这部分练习主要训练学生的语义辨析及思维推理等能力。例如:

He found a＿＿in the back door.

To my surprise, our team___the race.

读音为/haul/的有两个词，一个是 hole，另一个是 whole。本句的意思为"后门上有个洞"，用 hole 比较合适。读音为/win/的词有 one 和 won，因为句尾是 the race，由此判断要选择一个动词，答案就只能是 won。再如：

Different countries and different races have different.___In China, it is important for the host to be attentive towards the guest. The host shows this by that the guest's is always full and that there is always___food in his bowl.

这种题型信息量大、涉及面广、难度增加，主要考查听力理解能力、听写能力和速记能力。要让学生在平时的练习中，强化大纲词汇记忆，重点掌握基本词汇的拼写和用法。

3. 第三阶段：听力回答题

让学生根据听力材料内容回答一些简单、直观的问题。根据学生英语水平的不同，可提出一些难度各不相同的问题。这部分练习主要训练学生的思辨能力。例如：

W: I bought this dress at a sale. I paid only 120 Yuan for it. How do you like it?

M: It's very good and right for you, but my secretary had the same thing for two-thirds the price.

Q: How much did his secretary pay for her dress?

要求学生听了两个人的简短对话后，回答所提问题。学生只要抓住 120 Yuan 和 two-thirds 两个关键词，就可答出正确答案是 80 Yuan。

4. 第四阶段：听写记录题

这部分听写的内容主要是一小段短文材料，让学生听录音、做记录。这种练习的难度大，主要训练学生的听力记忆能力，对提高英语听力水平很有帮助。一般听写录音要放四遍，第一遍和最后一遍稍快，中间两遍稍慢，以便照顾学生做好记录。听第一遍时，最好不要动笔，尽量听懂短文大意，基本弄懂主要句子结构。第二遍时，听完一个完整的意群后写上重点词汇和短语，以意群为单位记忆并书写，其他地方留出空白。第三遍主要是补全第二遍留出的空白部分，把前面模糊的地方作为此遍听的重点。第四遍是全面检查，加深对短文的理解和把握，检查断句是否恰当，大小写及标点符号是否有误等问题。

在四个阶段的训练中，教师要注意正确引导学生，变被动为主动，积极思考，提高学生的英语听力技能。教师还要坚持使用课堂英语进行教学，给学生创造听的机会。总之，听力主要测试的是学生在语句上的判断、推理和整体理解能力。

听力试题若以两人简短对话的形式出现，这部分内容主要涉及日常事例、简单数字及对事物的客观评价等。学生在做这类题时要掌握三个技巧。第一，了解、熟悉和掌握常用的提问形式和内容。第二，善于抓住和理解与对话有关的关键词。第三，根据对话内容，利用常识，进行推断。

听力试题若以短文形式出现，要求考生听完三遍后就问题做出正确的选择，这部分听力材料多为选材新颖、浅显易懂的小故事或常见的科普短文等。学生在做这类题型时要掌握三个要领：第一，利用每段话开始前的指令，猎取三方面的信息：材料的问题、材料的题材、材料的体裁。第二，抓住短文的第一句，即 topic sentence，这对了解中心思想很有帮助。第三，带着出现的问题边听边思考。

六、实施听力教学策略时要注意的几个问题

作为一项技能，听懂别人的语言是英语教学的目的之一。作为学习的手段，听又是掌握英语的必由之路。要提高大学英语的教学质量，必须对听力教学策略给予高度重视。非英语专业学生英语基础差、学习方法不当且听英语的机会很少，在听力上更需要得到锻炼和提高。

听力培养是一个长期、艰巨的过程，在实施教学策略的过程中，要注意以下几个问题。

（一）听与说相结合

在听力训练中，听与说是相辅相成、紧密结合的。听是说的基础，说是听的提高。一般说来，听不懂就说不出，说得好就必须听得好。越听不懂，心里越紧张，越紧张，就越说不出来，形成恶性循环，影响听力效果。所以，教师在听力训练中，始终要贯穿一条主线，即听中有说，说中有听，以听促说，以说促听。

（二）抓住关键词、句，从上下文猜测词意

在听力训练中要学会剔除不相关信息，捕捉相关信息，及掌握"when""how""which"等词的用法，找出关键词、句（key words and key sentences），根据上下文提供的线索来猜测词意（No context, no text）。注意到这一点，听力中的许多难题就能迎刃而解。

（三）排除母语及其他各种干扰

中国学生受汉语的影响根深蒂固，在听英语时，总是不自觉地想到汉语，出现了"英—汉—英"的迂回思维现象，这大大减慢了听的速度，影响到听的效果。此外，英美人口语的语气词，像"Well""Oh"等词，都会给学生的听力带来干扰。诸如情绪、心情及噪音等因素，也会影响听力的质量。教师要训练学生用英语思维，逐步习惯听英美人的口头用语，提高听力训练的效率。

第四节 大学英语听力互动式教学法的说明

大学英语听力的互动式教学，首先要遵循七大原则，根据教学中的四大要素——学生、教师、教材以及教学媒体之间的关系，合理地设置互动式教学模型，在互动的教学过程中，注意教师以及学生的角色的转变。

一、互动式教学的原则

互动式教学是指两者或两者以上，人们在思想、感情和观念上的一种共同交流，并由此而在彼此间产生相互影响。互动式教学要遵循七大原则。分别为自动化原则、激发内部动机原则、策略投资、冒险、语言文化的联系、中介语、交际能力。第一，自动化原则。当我们注重语言的意义和提供的信息而非语法等语言形式时，才可能有真实的人与人之间的互动。只有学习者不受形式的约束，才能成就自动化的进程。第二，激发内部动机原则。当学习者能完成言语行为，自我实现时，动机才能满足。当他们能欣赏自己的语言能力时，可以建造一个自我奖励的机制。第三，策略投资。交互需要学习者具有运用学习策略的能力。第四，冒险。交互需要某种程度的冒险，要不怕耻笑，尤其在解释语言受阻时。不怕没有解释清楚目的语，不拒绝错误。第五，语言文化的联系。交互的文化负载要求参与会话者充分注意到语言在文化层面的微小差别。第六，中介语。交互的复杂性使得语言学习成为一个长期的习得过程。在这个漫长的过程中，学习者会犯错误，教师的反馈在此过程中起决定作用。第七，交际能力。交互需要学习者具备各种交际能力（语法、语篇、社会语言学、语义、策略等），而且各种能力要协调一致，才会有成功的交流。

这七条理论构成了交互理论的基础，交互式教学法强调交互能力的培养，通过交互作用能提高语言存储。比如，听或阅读真实语料，或者甚至只是同学之间通过讨论、角色扮演、合作解决问题和对话等形式的输出，交互活动中学生们能够充分地把所有语言知识用于真实的交际。

二、互动式教学的六条准则

在上听力课时有六条准则要遵守：第一，要有良好的教学设备做保障；第二，上课前，教师和学生都要做必要的准备；第三，学生往往需要听两到三遍，以补充听第一遍时丢掉的信息；第四，教师应该鼓励学生注意听力材料的内容，而不仅仅是语言形式本身；第五，教师应该根据学生的听力水平布置不同的听力任务；第六，教师要充分利用教材，学生的需求程度和兴趣将决定教师所使用的听力材料。尽管听力材料不可能总是绝对的真实，但至少应该是逼真的。

三、课堂听力的互动模型

听力教学和学习有三步：前听，听的过程以及后听，这是英国听力教学专家玛丽·安德伍德（Mary Underwood）根据听力理论、记忆原则和心理学原理总结出来的。这三步是训练听力完整步骤，包含完整的听力过程。这里所指的听力训练三步骤主要是：第一步准备；第二步执行；第三步巩固和评价。三步之间互相补充、互相影响。听的过程是三个阶段的核心，前听阶段创造了充分的条件，后听阶段是前两步的目的，是内在化的具体方法。顾名思义，前听、听的过程和后听发生在听力课堂的不同阶段。

（一）前听阶段

前听阶段又可分为两个活动："准备活动"和"指导活动"。"准备活动"的目的是通过文章的标题和生词、正文前的图画、启发性的问题或背景知识来激活先前的知识。老师要事先确定这篇文章的听力目的。"指导活动"的目的是通过学生自己明确听力目的。也就是说，让学生明白他们将要干什么。在这个阶段，类推和预测是两种重要的策略。

（二）听的过程

在听力课的第二阶段，要设计听的活动以帮助学生形成积极参与听力理解的好习惯，而不仅仅是被动地听。听时还要运用好的策略，将听时的任务与前听的任务联系起来。学生在听时要牢记听的目的，老师要鼓励他们多听、泛听，这是为了帮助学生领会文章的要旨。学生要潜心听材料，对文中所说的话做出反应并做笔记，或者写下要理解的细节。老师要根据学生的反应快慢选择活动，活动既要适合材料的类型又要适合学生的水平。对学生来说，在发展听力能力的初级阶段，简单的活动比如列表或者给图片排序能够降低焦虑。水平高一些的学习者可以完成较复杂的任务。在听的开始阶段，一个活动通常只设一个目的，这样学生才能好好练习某项技能，才能充分利用听力材料。随着时间的推移，则要设计可以训练多种能力的活动。

在听的阶段，图片提示和文字提示是外语学习者的两种重要资源。图片提示的种类有图片、曲线图、线路图、地图等，它们包含有文化信息，可以帮助学生预测即将听到的材料的内容。听的时候，这些图片能加强听觉信息。文字提示对刚开始学习第二语言的人很有帮助，因为这个阶段他们听到的只是"声音"或"噪音"，而不是有意义的信息。文字提示可以让学习者在听的时候有一定的借鉴，有助于他们听懂。然而，文字提示对中等水平的学习者来说是一个阻碍，他们可能会依赖文字提示而懒得预测、猜测、推理、体验，听力训练也就失去了意义。

（三）后听阶段

听力理解的第三个也是最后一个阶段是后听，包括三类活动：理解活动、评价活动和创造活动。理解活动的目的是检查对语言本身的理解和对文章的解释。要求学生回答问题，检查他们的理解和记忆能力。为了让学生有机会在真实的环境中练习口语，老师可以多设计几类后听活动。创造活动的目的是让学生学会怎样用接受的知识去创造。后听活动能把学生带到一个更高的学习阶段。课外活动，比如听收音机、听原音磁带、看电视及和母语者谈话，都有利于听力理解。

在现实的教学活动中，英语听力课往往是一个机器操作者的课堂，学生被动地听老师播放的磁带。磁带变成课堂的核心，营造的是没有刺激的学习氛围。学生被剥夺了表达自己想法和感觉的机会，他们只是被动地听。

实际上，磁带富含语言知识，学生可以充分地利用磁带。只要老师为互动留下空间，学生就能变成积极的参与者。老师要建立一个在课堂上可以互动的模型。在这个模型中，学生是核心，各种各样的双向交流保证课堂的动态性，使学习变得积极。教师要仔细挑选听力材料，安排更多的互动时间，特别是在听力的理解、创造和评价阶段。

（四）互动模型

当学生上听力课时，除了本人，至少还要遇到三个主体——老师、听力材料和其他同学。如果老师指导得当，会有四种互动，即老师与听力材料的互动、老师与学生的互动、学生与听力材料的互动、学生之间的互动。

1. 开始互动

课堂上任何时候都可以进行师生互动。但是，课堂刚开始的互动最关键。早期互动时老师能给学生介绍学习目标，让他们准备课堂中需要的语言或文化背景知识，让他们对相关主题做好计划，这对理解有帮助。老师可以进行以下活动。第一，老师事先准备一些具有文化特色的、有寓意的习语和句子，然后要求学生根据标题中所用单词或短语的使用条件猜测这些习语和句子的意思。第二，老师布置几个观察任务，让学生带着问题听。这样做不仅能激发学生想听的欲望，还能给他们提供一些关于全文含义的线索。第三，老师引导学生联想与主题相关的知识。第四，老师给学生一段有空的材料，让学生阅读这些材料，弄明白主要意思，用他们自己的常识填空。

2. 学生与听力材料互动

在听的过程中，学生要不停地接收信息并做出反应，这时老师可以进行以下活动。第一，学生要找出一段录音的显著特征，比如具体的社会行为、文化背景或语言特点。第二，在听时，学生要做好笔记。第三，老师放磁带时把录音中的一段抹去让学生试着配音。第四，老师在适当的时候暂停录音，根据前两步已经了解的信息让学生预测下一段录音内容，而不是让他们跟着磁带重复内容。然后学生会听下一段录音，确认或调整他们的预测。准确地说，学生听完一部分后，老师应停下来，让学生想象下一段会发生什么，这样做学生的情绪会立即被调动起来。大多数情况下，他们的猜测互不相同。对他们这种积极参与的态度，老师应该给予表扬，然后让他们继续听录音材料，且听材料的不同部分。如果有录像机或其他的可视媒体，也可以让他们一个一个地看录像的不同部分，先按顺序进行，然后一段一段地听，穿插讨论。

3. 学生之间互动

观察是一个积极主动的过程。在这个过程中，观察者把所看到的与所知道和感觉到的联系起来，听力也是如此。因此，让学生们知道其他人可能有不同的观点，并让他们互相交流，这对听力是很有帮助的。可以让学生分享各自的观点，讨论观点的相同点和不同点。此外通过合作和竞争，可以学会组间合作或配对的技巧。老师可以进行的活动有以下几类：第一，让学生讨论对听力材料中角色的态度、对对话的分析，讨论对下一段的预测。第二，让学生按顺序表演录音材料中的内容，并且可以表演听力材料的一部分内容。第三，老师把录音分为两部分。一半学生听第一部分，另一半学生听第二部分。然后，老师安排学生配对完成整个故事。学生可以讨论录音材料中的某一主题，还可以让四个或五个学生为一组，不同的组听不同的部分，归纳出所听部分的主要意思，然后报告给另一组，最后组间合作构造一个完整的故事。

4. 师生互动

与上课时开始的互动不同，师生合作达到最终目的的过程，必须要有反馈，包括学生给老师的反馈及老师给学生的反馈。总的说来，学生不仅可以以正确回答问题的形式，还可以以报告、讨论、角色扮演及其他的活动形式，报告他们与同学互动的结果。然后，老师对学生的表现做出简洁、积极的评价。老师的评价对学生参与积极性的调动与维持至关重要。

在听力课快要结束时或课后，学生可以一遍一遍地听录音，巩固、加深对听力材料的理解。在这一阶段，学生自由选择听什么、怎样听。

总而言之，如果教师能成为活动的激发者，而不是机械的操作者，就能够快速提高学生的听力能力。学生不做被动的听众，不仅接收来自录音磁带的信息，也接收来自老师和同学的信息。老师要不断地肯定学生的表现，立即反馈，这对学生的语言学习极为有利。

最常见的听力课堂形式是：学生认真听老师放录音，老师跟全班学生整体互动，老师介绍知识点和文化背景、放磁带、维持课堂秩序。这种互动在听力初期极其重要。然而，如果整节听力课都如此进行，学生就会决定是否听磁带或老师的、是否参与听力训练，因为他们是被动的。因此，笔者更提倡以下互动：学生之间互动时，老师按顺序与学生互动或随意地与学生互动；老师与单个学生互动。老师可以在全班面前向该学生提问，或在他参与分组互动时与他交流。前者更正式，学生因为焦虑可能回答不了老师的问题。后者则较放松随意。因为私下与老师交流时，学生感觉更舒服一些，因而更敢于预测，敢于说出自己的观点。不过后者比较耗时。不管怎样，这是课堂互动的另一种方法。

四、互动教学中教师的角色

采用互动式教学法的教师，应该创造能和学生互动的学习环境。具体来说，老师可以通过使用不同的听力课文（如小说、对话、描述性的谈话等）、综合不同的听力材料的特征（正式的或非正式的、母语者的口语或非母语者的口语、语速快的或慢的），来让学生接触各种各样的材料，给他们布置实际的任务让他们有目的地听，这样可以使学生把课堂上的内容与课堂外的现实联系起来。此外，老师可以帮助学生理解听力材料所传递的信息，老师还应帮助学生树立信心，让他们相信自己的能力，那些体会过成功的学生会继续努力。这里，老师的角色就是给学生提供成功的经历和活动。老师应充分利用问题解决、角色扮演、组合式听力等听力训练方式。此外，老师需要在课堂中营造一个愉悦、轻松的氛围，适时布置任务，和学习者建立良好的关系，增强学习者的自信，让学习者熟悉目标语言的文化，促使学习者自主学习。

具体地说，为了刺激学生的积极性，老师需要牢记以下几点：告诉学生，为什么要听；说明在努力学习第二语言的过程中可能遇到的挫折；让他们猜文章的内容；希望并鼓励他们参与；保持适当的节奏以维持他们的兴趣，教师自己也要表示出对将听内容的兴趣；偶尔来点小幽默，可以使学生积极参加到课堂中来；挑选那些学生们感兴趣和关心的内容；组织各种各样的活动；对学生在课堂上的想法和学习要做出响应，学生们看到自己的观点被以后的课堂互动采纳，会觉得上课很有趣。

五、互动教学中学生的角色

在课堂互动中，学生是反应迅速、准确的猜测者，很想跟别人交流，很想从交流中学到知识。为了理解信息，他们愿意做任何事。如果交流有收获，他们能克服害羞的心理去参与互动。为了学习和交流，他们不怕犯错误。而且，在听的过程中，他们注重语言的意思而不是语言的形式。他们知道，要想理解信息，注意语言或演讲的表面形式是没用的。在老师的引导下，互动的学生首先要了解老师，熟悉学习环境，了解听力材料和学习任务。在某种程度上，语言学习是一种知觉和认知任务，互动的学生要准备学习和练习。他们分析语言，提高自己的语言能力，学习必需的听力技巧。他们学会暂时抛开母语，专心学习外语，直到他们获得合适的互动准则，最终实现语言的自动化和泛化。他们能够视语言为一种学来的知识、技能和乐趣。互动的双方是社会性互动，这在课堂互动中尤其重要。互动的学生积极参与语言学习。最终，学会使用有效的策略。互动的学生将克服障碍，坚持努力。

  教材、教学方法以及教师和学生在听力课中所扮演的角色，都会影响听力课堂的质量。老师应该转变听力教学的理念，使得学生不仅理解听的内容，而且要对它做出反应，也就是使听力教学成为学生与所听内容进行交流的双向活动。在大学英语听力课堂中运用互动式教学，遵循了听力理解和语言习得的规律，体现了以学生为中心在教师指导下进行有目的的适时互动的教学特点，不仅缓解了学生对听力课的抵触情绪，激发了其学习热情，使学生学会听什么、怎么听，而且强化了语言输入，加速了语言内化过程，能使学生积极热情地参与课堂活动，有效地提高学生的语言能力和交际能力。

第五章 大学英语口语互动式教学法

随着时代的发展,社会对英语学习者的要求不断提高,传统口语教学方法中的种种弊端逐渐被人们所摒弃。在不断思考传统方法的不足和改进方法的同时,一种更加高效的口语教学方法呼之欲出。其中,从交际教学法中发展起来的互动教学法,显示出自身的价值和优势。互动教学法是以学生为课堂中心,充分调动学生的积极性,形成多变互动的一种教学法。互动教学法旨在培养学生运用语言的能力,营造师生平等交流的互动氛围。它改变了以往教学法中将教师视为中心的这种教学方式,试图充分调动学生的主观能动性。它改变了学生的被动接受地位,通过学生与教师之间的互动合作来优化教学过程,最终形成和谐的互动,达到预期的教学效果。

第一节 大学英语口语互动式教学的重要性

互动式教学的界定为:以学生为主体,以师生互动、生生互动为基础,以自主学习、合作学习为主要方式的教学模式。在此过程中,"教"与"学"必须高度地统一并互相作用,改变传统教学中老师在前面讲、学生坐在下面听的模式。在大学英语口语教学过程中,确立学生的主体地位,培养学生运用英语进行交际的能力。

一、互动式教学在英语口语课堂中的重要性

(一)从英语口语课型来看

大学英语口语教学的主要目的是,让母语非英语的学生掌握英语这门交际语言。与以往教师讲授理论知识的课堂不同,英语口语课作为一门重要的语言技能培养课程,在教学过程中,更重视将语言理论知识转化为口

语表达技能，即"说"的能力。在"听""说""读""写"四项语言技能训练中，"听"和"读"强调培养学生对理论知识的理解能力。而"说"和"写"则着力于培养学生在理解理论知识的基础上，将输入信息转化为口头表达的能力。就"说"这项技能来讲，是指学生能正确理解交际中的话语，在理解的基础上恰当地运用英语，把自己的想法用口头语言表达出来，这是英语口语课的具体教学目标，这需要学生有大量的口头训练和实践活动。同时，也要求教师在课堂上，合理恰当地组织课堂语言，在自然降解和交际中，潜移默化地影响学生。教师还要合理地设计课堂互动，因为语言技能的获得是一个互动的过程，也是师生之间、学生与学生之间相互作用和影响的过程。通过这种互动刺激学生，使他们就此做出言语反馈，把掌握的具体言语表达方法组合起来，逐步内化为口头表达能力，从而使言语交际能力大大提高。由此可见，英语口语课的特点、教学性质和目的，决定了它是最能体现教学互动关系的一门课，将互动式教学运用到英语口语教学中，具有现实意义。

（二）从英语口语课堂的教学对象来看

从大学生双语习得需要来看，大学生学习英语，主要就是语言环境问题。口语课在整个大学英语口语教学体系中相当重要。作为一门基础课，它是展示中国社会现实交际生活的一个窗口，也是大学生从课堂学习到现实生活实际运用之间的一座桥梁。对学生来说，具有强烈的实践应用意义。处于英语学习初级阶段的大学生，由于没有良好的英语环境，在生活中也并不使用英语来进行交际和生活，所以，他们迫切地想提高口语交际能力，希望能够满足现实生活和交际需要。从笔者掌握的情况来看，大学生学习英语的目标就是：尽快掌握英语这门语言，满足他们和外国人交际的需要，并了解国外的社会和文化。要想让初学者在整个英语学习过程中保持高昂的学习热情，初级阶段至关重要，英语初级阶段的学生对英语的学习兴趣，不仅关系到他们本阶段的学习，而且与中、高级阶段的学习也有着密切的联系。对于英语初级水平的学习者来说，他们在语音、词汇、语法等方面的积累，以及主动开口说话的胆量，都没有达到可以自由积极发言的程度，更多地是在教师的指导下，被动发言。所以，教师要想让他们在课堂上多说多练，就必须想方设法让课堂活跃起来。只有在初级阶段充分调动起学习者对英语学习的兴趣与热情，才能有效地帮助他们应对更高阶段、更大难度的英语学习。

二、英语口语互动式教学原则

大学英语口语互动式教学的原则，是英语口语课堂教学中，实现师生的多向交往和学生主动发展所依据的准则，反映了主体性和发展性教学理念对教学过程的基本要求。根据语言教学理论及学者们对大学英语口语教学规律的总结，结合大学英语口语教学实践，笔者认为，在大学英语口语课堂教学中，除了应该遵循一些公认的原则（如以教师为主导、学生为中心，精讲多练等）之外，互动式教学应用于英语口语中，还要特别突出以下原则。

（一）主体性原则

英语口语互动式教学所遵循的主体性原则，是指在英语口语课堂教学中，教师应当起一个引导作用，采用恰当的互动方式，充分调动学生的积极性和能动性，使学生成为口语课堂的主体。这样，才能让学生更有效地用英语进行互动和交流，从而实现学生发展的社会化和个性化的统一。此外英语口语互动式教学遵循的主体性原则，还体现为，教材必须是开放的，随时代的变化而变化，主动吸收时代的新成果。同时，教材内容必须贴近学生的生活实际，体现学生合作、自主学习的互动特点。教师必须通过一定的互动教学来开拓学生的视野和思维，提高他们的课堂参与度。例如，在课堂互动中，教师在提出一个问题后，经常让不同的学生回答，或者让学生之间进行问答、互动训练，尽量让每个学生都有多次口语表达的机会，教师只是起个引导作用。又如，教师可以选择适合学生英语水平的话题，将学生分为两组，进行辩论。这样，大部分时间都是用来让学生"说"，教师可以在适当时候给予学生帮助。

通过调查了解英语口语互动式教学的重要性，教师在课堂活动中也十分重视让学生参与到课堂中来，成为课堂的主人，提高学生的参与度和"开口率"。作为教师，应该积极开发课程资源，了解学生的认知能力、思维状态和情感基础，制订有效的教学方案，尽可能地为学生创设适宜的互动情境，给学生提供自主选择的空间与互动的机会，这样才能让学生融入课堂氛围，提高学生的英语表达能力。

（二）差异性原则

大学生在年龄、性别、智力、体力、心境、习惯等方面存在或多或少的差异，这些差异主要体现在他们的学习目的、学习能力、学习习惯和学习方法等方面。要使每个学生都得到充分主动而又有益的发展，必须遵循差异性原则。例如，在小组合作的时候，教师需要考虑两个差异因素，一个是国别，一个是英语水平。从国别上来看，一个小组尽量由不同国家的成员组成。笔者在大学英语口语教师的课堂观察中发现，不同国家的学生分为一组，有利于促进他们的英语学习。因为他们的母语不同，所以在合作学习的过程中，学生都想让对方理解自己的想法，迫于这样的需求，他们更希望用英语来进行交际。如果是同一国家的学生分为一组，当他们用英语交流产生障碍时，就必然用转用母语，这样不利于他们的英语学习。所以，将不同国家的大学生分为一组，可以促进他们的英语学习。另外，在分组过程中，还应该注意将英语水平相当的学生分为一组。如果双方英语水平差距大，水平差的一方会有一定压力，并产生焦虑和自卑感，从而不愿开口，水平高的一方也会失去合作学习的兴趣。所以把英语水平相当的同学分为同组，教师可以设定不同要求。

总的来说，英语口语互动式教学应该持尊重差异、肯定差异的观念，区别对待，因材施教。尽量让每一个学习者更好、更快地适应课堂。英语口语教师应该观察他们的学习特点和学习习惯，合理安排课堂互动，使存在各种差异的学生，能够获得与其特点相适应的发展。

（三）趣味性原则

兴趣是最好的老师，只有激发起学生在初级阶段对英语的学习兴趣，才有可能使其在整个英语学习过程中保持高昂的学习热情。学生在初级阶段对英语的学习兴趣，不仅关系到他们本阶段的学习，而且与中高级阶段的学习有着密切的联系。只有在初级阶段使初学英语的大学生对学习英语产生兴趣和热情，才能让他们更好、更快地进入中高级阶段的学习，应对在中高级阶段学习中遇到的困难。

学生喜欢英语口语课，主要在于他们喜欢轻松、愉快的课堂，幽默且经常和学生交流的老师和能够获得他们所需的知识。所以在培养学生的兴趣时，应该考虑这三个因素，而这三个因素并非是孤立的。对于初级水平的学习者来说，他们语音、词汇、语法等的积累，以及主动开口说话的胆量，都没有达到可以自由积极发言的程度，更多情况下是在教师的指导下被动发言。所以，作为教师，既要做"编剧"，为学生选择合适的练习语料；又要做"导演"，合理地指导学生说话；同时还要做"演员"，在学生练习时恰当地配合。教师可以用有趣的故事吸引学生，利用多媒体展示西方文化等，让他们尽可能地收获更多的课外知识。同时，教师还可以用灵活的方法指导课堂教学。比如，通过各种游戏、情境等，创建轻松、愉快的课堂氛围，让学生在课堂中学到语言知识点，提高英语口语表达能力。另外，教师还可以用简单幽默的语言，如讲笑话、开玩笑等，拉近师生间的距离，建立良好的师生关系。学生感兴趣了，自然愿意积极主动地开口说话，口语课的教学目标也就达成了，倘若学生对此没有兴趣，开口说话的积极性小，自然就练习得少，有些初级阶段的学生甚至会选择沉默，那么"沉默"的口语课自然也就名不符实了。

因此，在英语口语课堂上，教师通过互动式教学，可以尽可能地激发起学生的学习兴趣和学习的主观能动性，使学生在交际环境中主动地用英语表达自己的想法和观点，从而提高其口语水平。

（四）交际性原则

"语言是人类最重要的交际工具。"大学英语口语教学主要是培养学习者的英语交际能力。大部分英语学习者在听、说、读、写、译五种能力中，最看重"说"的能力。由此可以看出，在大学英语口语教学中，培养学生的言语交际技能尤为重要。语言学习的最终目的是进行言语交际，而交际的方式就是互动。英语学习者掌握语言主要是通过交际，他们的语言系统主要是通过有目的的交际发展起来的。教师应当运用一些恰当的互动方式，比如创造语境，给学生以交际的真实感，以免学生最终只学到"教师语言"或"课堂语言"。例如，教师在创设情境的互动方式时，通常会利用多媒体辅助教学手段展现会话情境，或老师自己创设交际情境，然后提供可供学生模仿的句型。

设计互动情景时，老师应该遵循交际性原则。所设计的互动应尽可能让师生或生生之间通过合作交流完成，在交际中动口、动手、动脑，形成交互的思维网络，以此达到提高英语学习者英语水平和开拓学生创造思维的效果。

三、英语口语教学的互动方式

在英语口语课堂上，大部分的学生比较希望和同学、老师之间有互动，比较喜欢的互动形式主要有游戏、情境创设、角色扮演、小组合作或竞赛等。

(一) 提问

教师提问在英语口语课堂中尤为重要，对促进英语口语互动有着重要的影响，因为教师不仅可以通过课堂提问来控制课堂活动的进程和发展，同时还可以一步步引导学生参与到课堂互动中来。所以，教师通过精心设计的问题，可以为互动式教学创设一个良好的学习氛围。口语课堂中的话语交流基本上是始于教师提问。当然，教师要特别注意课堂提问策略，问题设计得有效与否，直接影响课堂互动效率。提问互动比较适合英语口语课堂互动的教学特点，主要体现在：

第一，教师提问实际上是让学生有了参与课堂、口头表达的机会。恰当而又有效的提问，能够提高学生的兴趣，激发学生的学习动机，使学生自主地、自然地参与到课堂互动中来。

第二，教师提问通常是步步递进或环环相扣地发生，这样连续性的提问能够使互动更完整，让学生在互动中跟随教师的提问，一步步思考，一句句表达，并且把它作为一个讨论的话题，最后形成一个话语整体。

第三，有教师提问，就必然有学生回答，教师可以通过了解学生的回答和反应，检查学生对知识的理解和掌握情况。同时，教师可以根据反馈中学生所犯的错误适时纠正，并根据了解到的学生在知识学习中的难点和表达中常遇到的困难，适时调整教学方案或方法。提问不仅是课堂教学中最普遍的教学技巧之一，而且也是教师组织课堂互动最主要的方式之一。这样，不仅让学生在现实的语言环境中回答了老师的提问，而且通过一问一答的互动，很自然地过渡到语言知识点。在初级英语口语课堂中，教师提问不仅是一种教学工具，也是一种传播工具，因此教师在确保学生理解话语的同时，还要尽量让学生掌握基本的知识和技能。

(二) 游戏

游戏是指在外语或双语课堂教学中为调动学生积极性，巩固运用所学语言知识，以趣味性、灵活性和多样性的内容穿插在教学过程中的语言活动。游戏是一种可以让人放松的活动，再没兴趣学习的学生，只要有游戏的邀请，也难以抗拒游戏的魅力。轻松和愉悦的状态，有助于学生释放出自己应有的激情，以减轻压力，创造新的学习动力，减少焦虑。对于初学英语的学生来说，在游戏中得到了放松和快乐。在语言互动的游戏练习中，学生得到了实践性的突破，使目的语在这种循序渐进的互动中，自然获得了更好的记忆和效果。游戏千变万化，教师要对其进行有目的、有针对性的汲取，在有限的课堂时间内，有目的地利用和完善游戏以辅助课堂教学。在对外英语口语语法教学方面，比较常见的有说词语组合滑稽句子的游戏，它将学习者分成若干小组，每一个小组都要给出一定数量的人名、地名、动词，并分别给学习者发一张生词卡，老师每说到一个生词，手持该生词卡的学生就要迅速地把卡片举起来，并且大声准确地读出来，老师读几遍，持有该卡片的学生就要重复几遍。为了让学生得到充分的练习，老师可以让学生来扮演老师说生词。同时，在游戏过程中，老师也可以把学生的卡片不断地调换，这样学生就可以熟练掌握不同的单词。游戏吸引了学生的注意力，使更多的学生参与其中，使之更易于主动尝试，有利于教学目标的实现。游戏在语言学习者和快乐之间架起了一座桥梁，使学习者在轻松的氛围中，不知不觉学到了知识，也不知不觉开口说英语。这种寓教于乐的方式，有益于将抗拒传统教学方法的学生或者不喜欢英语的学生拉回课堂，使其参与游戏并学习英语。

总之，在课堂中增进游戏互动，创造轻松、愉快的游戏氛围，对于初学者而言，有利于克服困难，达到学习语言的目的。作为英语教师，在教学过程中，要结合教学的重点和难点，围绕教学目的来设计教学游戏。

（三）情境创设或角色扮演

大学英语口语课堂教学的目的是提高学生的英语口语表达能力、培养学生掌握基本的语言知识和语言交际能力。这决定了大学英语课堂是语言实践性很强的课堂，而情境创设可以为处在非英语环境中的学生，提供一种轻松、逼真、安全的交际环境。在课堂教学中，一个特定和具体的情境，是由许多个表意完整的语言要素组成的，学习者在学习各种语言要素的同时，也在不断地接触情境，这就需要在习得的过程中发挥情境的作用，在情境中学，在情境中用。所以，在大学英语课堂上运用情境创设或角色扮演是十分必要的。情境创设一般可以分为两种。一种是真实情境，即在课堂教学中，教师利用课堂实况创设的情境。例如，教师在讲解"合适"这一词时，以自己的衣服为例，说明衣服不长不短刚好合适，这是在课堂中出现的真实的、即时的情境。真实的情境还可以通过其他方式实现，比如，在教室举行一个有主题的派对，让学习者在这种自由的社交场合中去体验语言交际的情境。另一种是模拟情境，即在课堂教学中，教师通过道具、场景布置等，模拟出各种具体的交际情境。例如，和陌生人第一次见面怎么打招呼，和平辈、朋友见面怎么打招呼，面对长辈、老师要使用什么样的敬语等。教师在学生回答的过程中，可适当地引导学生得体地回答问题，还可将学生的简单互动扩展开来创设情境，让学生扮演情境中的角色。例如，学生在餐厅就餐时的交际用语，可以让两个学生扮演顾客，另一个学生扮演服务员，模拟在餐厅的情境。

此外，在多种互动方式进行的同时，多媒体通常作为一种手段辅助英语口语课堂互动式教学。多媒体辅助互动式教学有很多优势。一方面，多媒体技术通过图片、音频、视频等媒介将教学内容，尤其是抽象的知识等，立体、生动地展示在学生眼前，给学生一定的视觉或听觉冲击，为学生创设出真实的、符合自然规律的语言学习情境。另一方面，多媒体教学生动形象、音形兼备，有利于提高学生主动学习、主动获取知识的积极性。例如，在学习课文中的会话时，视频或语音等媒介，使课文中的会话变得形象生动、有声有色。这种辅助手段，不仅可以吸引学生，让他们身临其境地感受到真实情境互动中的语气语调，还有利于他们及时地跟读和模仿。

无论是哪种互动方式，教师应该注意，学生已经在学习和生活中积累了一定的经验，在他们的头脑中，已经有了一定的图式或生活情境。教师设计课堂互动时，可以在学生的认知基础上，丰富、完善这些已有的图式或情境。此外，教师在设计每一种互动方式时，还应综合考虑学生的特点。不同的学习者有其不同的性格特征，不管是活泼外向型的学生，还是安静型的学生，教师在互动教学时，要尽量调控好整个互动过程。在进行互动时，不但要做到学生间的合理搭配，以提高互动效率，还应当处理好教师与学生的关系，尽量和学生处于同一平台。教师不仅是长者，还是朋友，在互动时，要亲切而不失尊严。教师和学生打成一片的同时，不能忘乎所以，要控制好课堂。

总之，课堂教学在大学英语口语教学中具有重要的地位，而互动式教学法的应用，在英语口语课堂上更是必不可少。如何在英语口语课堂上体现学生的主体地位、提高学生的"开口率"和参与度、让大学英语教师更好地运用互动式教学，这些问题值得每一位大学英语教师关注和研究。

第二节 大学英语口语互动式教学的理论基础

许多学者对互动式口语教学进行了大量的研究，并且提出了许多优秀的理论。其中，不仅需要动机理论，还有一些合作学习的理论，等等。这些理论的诞生为更好地进行互动式口语教学提供了诸多的参考与借鉴。

一、课堂口语互动教学的含义

对课堂口语互动教学的含义，主要从互动以及互动教学两个方面进行了具体的解释。互动含有相互作用和相互影响的含义，因此，互动教学就是指师生之间通过相互影响等方式进行的教学活动。

（一）互动的含义

"互动"即相互作用，相互影响。"互"是相对于孤立，"动"是相对于"静止"，前者的含义是相互联系、对立统一的，后者的含义是双方的作用撞击。德国社会学家齐美尔在《社会学》中指出，互动是一种最基本、最普遍的日常生活现象。在教育学和心理学中，多是指人与人或群体之间发生的相互作用。《中国大百科全书·社会学》中对"互动"的界定是：互动首先是一个过程，是一个由自我互动、人际间的互动和社会中的互动三个阶段组成的过程，其本质是主体与客体在沟通过程中的往返活动。

（二）互动教学的含义

"互动"这一社会学概念如果应用到教学上，即是互动教学。西方教学中的互动理论提出，教育工程的基本特征是指学习实际上就是交流与合作的过程，学习的过程就是教育者与被教育者互动的过程，课堂教学过程实际上就是人际互动过程。也就是教师和学生为了达到教和学的目标，力图运用各种策略，使对方接受自己特殊的情境定义的过程。由此可以得出，互动教学是指在教学过程中充分发挥和调动师生双方的积极性，使双方同时发生作用的教学行为，具有显著的民主性、平等性、参与性和互促互补性。这其实是把教育教学活动看作师生之间的交往与沟通，把教学的整个过程看成一个动态发展的教、学相统一的相互影响的过程。

英语课堂中的互动式口语教学，是以现代教学思维和教学理论为指导，把以教师为中心的满堂灌教学方式，变为教师引导、鼓励和组织学生积极参与、师生互动，集知识讲授、质问设疑、交流讨论、归纳总结等教学手段相融合的合成式教学运作方法，充分体现了新课程理念下新型的教学方法，即以教师为主导、学生为主体、训练为主线、思维为核心的新方法。这种方式能促进教师和学生以及学生之间的多边活动，保证课堂教学顺利而有效地开展，适应现代教育发展和学生发展的需要。能够提供足够的时间和空间让学生参与课堂，真正体现学生的主体地位，为教学创设良好的学习氛围，减轻学生的心理负担，为培养终身学习能力打下良好的基础。

发展心理学认为，每个学生都具有创新的潜能，关键在于教育的启迪。口语互动式教学正是为学生搭建了这样一座平台，提供机会让学生来展示自我，发展创造性思维。所以，这种改变不仅仅是教学活动或教学手段的转变，更是教学理念的转变，是真正实现课堂中以教师为中心向以学生为中心的转变，将单纯传授语言知识和技能的教学方法，转变为培养语言应用能力和自主学习能力的教学方法。

二、课堂口语互动教学的特征

通过研究与分析课堂口语互动教学的特征，笔者发现目前一些口语的互动式教学活动当中，呈现出参与性、探究性、民主性以及开放性的特征。

（一）参与性

参与性是互动式教学的一个重要特征，它通过关注教师与学生的双向交流，充分调动双方的积极性和主观能动性，活跃课堂气氛，实现教与学双方的最佳效益。

（二）探究性

对具体问题的探究将贯穿整个教学过程。学生在研究材料和信息的基础上发现问题，提出解决方案并实施行动。如果没有问题的探究，学生就不可能主动积极地参与，独立思考能力、创造性思维就得不到发展。所以，教学过程中老师应当鼓励学生独立思考、积极探索、提出独到的见解设想和策略，促使其在互动中不断开阔视野。同时，教学内容应与学生的学习、生活和今后社会交际实际相结合，重在培养、发展其口语交际能力，切实体现出基础性和发展性的统一。

（三）民主性

师生间有效的合作互动，只有在民主的环境与氛围中，才能真正得以体现。学生只有在自由宽松、愉快和谐、没有任何形式的压抑与限制的环境下，才能自由地思考探究、毫无顾虑地质疑提问、发表己见、大胆自主地实践，创造性地去解决问题。形式多样的口语交际情境、和谐民主的课堂氛围，能让学生轻松自由地进行口语交际。要增强学生的生活体验，就需要特定情境的创设，激发思维与口语表达的环境条件和动力源；和谐民主和轻松自由的课堂氛围，则是促使其大胆进行口语交流的有力保证。因此，在教学过程中，教师应尽量依据教学内容，合理地模拟社会生活实际，创设真实的交际情境，形成良好的课堂气氛，让学生在自然的情境中产生交流欲望，大胆自由地参与。长此以往，学生的个性与创造思维能力才能得到充分的发展，从而提高教学效率，达到口语交际练习的要求。

（四）开放性

互动式教学应是不拘泥于课堂与课本、时间与场所和某种具体的教学方法，而应具有全方位开放的特征，形成双向或多向互动的交际方式，这是口语交际练习区别于听说机械练习的一个显著特征。口语交际是交际往来中人与人之间交换观点意见，交流经验成果及情感的过程。无论是何种待人接物的活动，都要有交际对象、形成交际关系、构成双向或多向互动的交际方式，才能够顺畅进行。所以，师生在教与学的过程中，要具有双重的角色意识，注重角色的转换，不能只局限于教师指导点拨。师生间构成教与学的双边关系，要关注其多样性，即师生间、生生间同样要像日常社会口语交际一样，互为交际对象，形成交际关系，同时需要模拟生活实际双向互动地进行操练，从而真正体现口语交际练习的特点，切实锻炼和发展学生的口语交际能力。教学过程中需要有大量的操练时间，并关注训练形式的多样性，尽可能地提供机会增加个体的参与量，在动态的口语交际实践中，反复经历与体验，训练并提高思维的逻辑性、灵敏性与深刻性，使语言表达更具机敏性、规范性、条理性，不断获取真知、提高能力，逐步形成良好的语言交际态度与习惯。

三、大学英语互动式口语教学的理论基础

大学英语教学的方式是多种多样的，其中就包括互动式口语教学，许多学者对其做了大量的研究，主要包括以下几种理论。

（一）需要动机理论

马斯洛的需要动机理论指出，需要是人行为内部的推动力量，人除了最基本的需求外，还有不断发展和生长的内在需要。人需要在与他人进行交往和交流的过程中，不断发展自己，这种需要被称为人学习行为的原动力。由于每个学生基础、年龄和个性的差异，他们交流需要的层次也是不同的。但是，每种层次上的需要，都会不同程度地激发学生学习的动机，这种需要有利于创设民主、平等的交流环境，促使学生交换已有的知识经验，使教学过程顺应学生的思路。

基于此认识，在教学过程中，就必须重视学生成长与学习的需要，使其由被动变为主动，满足其需要，促进其具备良好的学习动机和兴趣。教学应切实遵循学生的年龄特征和认知的水平与规律，教师应引导学生克服和消除各种心理障碍，以积极的心态和行动来满足因挫折而导致的无法实现的需要。合理的需求是动态的，教师在帮助学生实现现有的合理需求的同时，还要培养学生更高层次的需要，以达成需要的动态平衡，助其不断提高学习需要的自觉性。学生需要的层次越高，参与教学的动机就越强烈，兴趣也会越浓厚，从而表现出一定的能动性和创造性，真正成为学习的主人。

（二）合作学习理论

合作学习理论起源于20世纪60年代，兴起在70年代中期，最早是社会心理学家对学生集体动力作用的研究，到了80年代中期逐步发展为既有创意又有实效的课堂教学理论与策略。此策略目前已在50多个国家的中小学课堂广泛使用。合作学习论认为，教学过程其实是信息互动的过程，促进学生学习的主要途径是教学动态因素间的互动，除了师生间、师师间和生生间的互动，还包括单向的和多向的多类型互动，是一种复合活动。而传统教学中的互动，主要是师生间和生生间的互动，并且师生间的互动占主导地位。

合作学习是一种能够有效发挥教师主导作用和学生主体地位的组织形式。将此原理运用到课堂教学中，特别是运用到师生互动和生生互动过程

中，是时代发展的需要，是改善学生学习态度、提高学习策略、培养交际合作的情感意识的需要，能够有力地推进素质教育。

（三）建构主义理论

建构主义理论认为，学习者的知识习得并非通过教师传授而被动产生的，而是借助一定的社会文化背景，学习者身处周围人创设的情境中，以自己原有的经验和认识为基础，在交流互动、主动探索和意义建构中获得的。学习者是通过新经验和已有经验的相互作用，又不断充实丰富并改造原有知识经验而完成了学习的过程。教学中的社会性和相互作用、对知识建构的重要性被充分强调。学习的关键成分是反思，学习的激励因素是认知冲突和疑问，这些决定着学习的性质和组织。

建构主义者主张师生间、生生间进行丰富多向的交流沟通，希望把学习置于真实而复杂的情境中，提倡交互教学，从而获取有意义、创造性的加工信息。教师的角色由知识的传授者转变为与学生进行意义建构的合作者、促进者和引导者。在教学过程中应给予学生充分的尊重与肯定，相信学生所具备的巨大潜能和无限的创造力，倡导他们自主学习与自由探究，把学生看作发展的、能动的主体，并视学习为人的主动性、能动性、独立性不断生成的过程。

（四）输入假设理论

输入假设理论是由克拉申（Krashen）提出的。该理论所包含的内容也是多方面的，主要包含了有效语言输入、理想语言输入、粗调输入以及微调输入，等等。

1. 输入假说的提出和内容

克拉申提出的语言假说是一个在第二语言习得研究领域具有较大影响的理论。他认为，一个人的语言能力主要是通过习得途径获得的。即在自然语言环境下，通过大量接触略高于自己现有水平的可理解性语言输入，使学习者自然地习得语言。他认为，教师在课堂上想要轻松地传授第二语言，最佳的途径是让学生获得大量的可理解性的语言输入。当学生真正接触到足够的略高于自己现有语言水平的可理解性的第二语言输入时，他自然能把注意力集中于对意义或信息的理解，这时，就可以产生语言习得。

2. 有效语言输入

克拉申输入假说，一方面强调在语言习得过程中需获得大量的可理解性第二语言输入，另一方面还强调需有效地获得语言输入。

克拉申指出，有效语言输入应具有几个特点：第一是可理解性；第二是趣味性；第三是非语法程序安排；第四是足够的输入量。

（1）可理解性。

语言习得是通过理解信息，即通过接受可理解性第二语言输入而产生的。这就告诉我们，在输入过程中，学习者所接触到的语言材料，一定是能让他们可以理解的，绝不能过于复杂。否则，学习者会过多地把注意力集中在理解语言的结构和复杂的概念上。这样一来，语言输入在一定程度上就失去了其真正的目的。

（2）趣味性。

在语言输入的过程中，对学习者输入的语言既要有趣味性又要有一定的联系。学习者只有在对输入的语言感兴趣的情况下，才会自觉对语言的意义进行加工，从而有效地习得语言。越是有趣的、关联性强的语言输入，越能激发学习者的兴趣，越能使其高效地习得语言。

（3）非语法程序安排。

学习者的语言习得是在接触到大量可理解输入后，自然而然地产生的。因此，克拉申认为，任何按语法程序安排的语言学习方式，都是不可取的，是不足的和低效的。

（4）足够的输入量。

学习者语言习得的产生，是在接触到大量的可理解输入后，所以习得语言的重要条件是，是否得到了大量的可理解性输入。

3. 理想语言输入

克拉申在强调有效性语言输入的同时，也提出了理想语言输入，即"i+1"输入原则。学习者现有水平用"i"来表示，略高于"i"的水平用"1"来表示。i+1 是学习者所接触的语言，i 是学习者现有的语言水平，它们之间保持着一定的距离。也就是说，除去（i）大部分可以理解的内容，（i）表示一些对他们来讲具有挑战性的理解。语言输入的原则是，不过于超过学习者竭尽全力所能达到的最高水平，也不能太接近他们现有的水平，从而失去挑战性。学习者学习的动力所在就是"i"和"i+1"之间的差距。学习者会借助已有的知识经验或利用语境和上下文判断等策略，来理解新输入的语言材料，并通过努力理解语言输入中不易理解的部分，从而提高语言习得，不断提高其综合运用语言的技能。

4. 粗调输入和微调输入

语言输入分为两种类型，即粗调输入和微调输入。二者之间有着显著的差异。高于学生能力水平的语言知识输入被看作粗调输入；与学生能力水平完全一致的语言知识输入则是微调输入。粗调输入主要供学生进行有意识的学习，以形成产出技能为目的。而微调输入则用于学生的习得，以培养接受能力为主要目的。粗调输入可采取多种途径，课外阅读和听力材料都可以成为获得粗调输入的重要渠道。符合粗调输入的阅读和听力训练，既能提高学习者的听读能力，又能使其接触大量新的语言知识，调动其学习兴趣和积极性，不仅培养其学习能力，又可使其获得新的语言知识。而微调输入是一种简化的语言输入，并且是针对学生现有水平的输入，为其有目的地学习而选择的，如语音、语言规则和语法等语言知识，能起到有效提高学生对现有语言知识的理解和习得的作用。

5. 交互在输入中的作用

输入假设中，输入与学习无关，与习得相关，语言能力是在不断接触可理解性的输入后自然而然形成的，而不是教出来的。在此过程中，习得语言的关键是尽可能多地获得可理解性输入。情感过滤假设中，输入虽然是习得中必不可少的，但并不是充分的。这是因为由于情感过滤能阻碍输入进入语言习得机制，从而影响双语习得的成功。情感过滤越高，进入语言习得机制的输入越少，从而影响到双语习得的成功。反之，那些自信心强且焦虑感低的学习者，情感过滤相对较低。这样，输入的内容能轻易到达语言习得机制并被大脑吸收。外语习得中，对学习者起关键作用的是，可理解性语言输入量理论证明了，交互活动在学习者语言能力发展过程中，对促进输入和输出都起到了重要作用。

（五）输出假设理论

输出假设理论与输入假设理论相对，输出假设理论是由斯万（Swain）提出的，其在互动式口语教学中起到的作用也是十分巨大的。

1. 语言输出假说的提出及内容

斯万提出了输出假说，并描述了语言输出的主要作用。斯万首次对输入假说提出的关于可理解性语言输入的作用，即"语言输出只是语言习得的结果而不是原因"提出了质疑。当时在加拿大推行的将法语作为第二语言的沉浸式教学的观察和研究是她质疑的基础。斯万发现,即使在多年大量接触高质量的语言输入情况下,学习者并未发展出完善的双语能力。沉浸式教学的成功之处是提高了学习者的听力理解能力,保证了语言输出的流利度,加强了功能性能力,增强了使用第二语言的自信度,并很好地促进了学生语言的习得。不足之处体现在语法教学方面,特别是句法和词形方面。即使学生一直接触的都是大量的高质量的输入,却没有产生相应准确的语言输出。所以斯万认为在语言习得过程中,虽然可理解性输入至关重要,但它并不是充要条件,学习者语法表达的准确性仅靠语言输入并不能保证。真正要提高学习者语言的流畅性和准确性,可理解性输入和输出都是必要的。斯万进而指出产生语言是语言习得过程的重要环节。

2. 语言输出的作用
(1) 引起注意和触发。

注意功能是指语言输出能促使学习者意识到自身的不足,并引发对新信息的注意。斯万认为,当学习者无法理解语言时,可采用相应的学习策略来弥补自身语言能力的不足,即通过搜索已有知识、联系文中信息和交际常识等。在语言输入过程中,学习者对输入语言的加工可以仅限于语义理解层面。然而在语言输出时,即实际的表达过程中,学习者就无法像在语言理解的过程中那样,凭借技巧和策略来弥补自身语言能力的不足。这时再进行语言加工,他们就被推到句法加工层面,学习者才能够清晰地意识到自身的语言能力和所要表达的内容之间的差距,即理解和表达的差距,他们会关注到所使用的介语中存在的问题,然后就对即将输出的语言进行句法的再加工,希望能够输出较为准确、恰当和完整的语言,从而推进自己语言学习的深度。所以,语言输出是语言学习过程中非常重要而且必要的环节。

(2) 假设检验功能。

不断针对接收到的目的语做出各种假设的过程,就是外语学习的过程。学习者必须通过语言输出来检验自己目的语假设的准确性,这样,语言输出就为学习者提供了自我检验假设的机会。使学习者在语言产生过程中不断修改完善自己的语言表达,正是他们进行假设检验的过程。通过反馈,学习者会肯定或否定自己的假设,并且进一步梳理整合自己的语言知识,这就是语言输出具有假设检验功能的体现。

(3) 元语言反思功能。

学习者在语言表达的过程中遇到障碍时，他们会运用已有知识，对语言进行对比反思，这样的元语言活动就促进了学习者对语言知识的控制和内化。这时，在语言习得过程中起到积极作用的就是语言表达和语言反思。在这个过程中，学习者想要连接他们所要表达的语言意义与表达形式，就会先使用已有的语言知识来表达意义，再利用语言反思来检验语言形式，从而使自己从以意义为基础的处理转向以句法为基础的处理。

另外，提高学习者语言表达流利度，也是语言输出的重要作用。语言输出可以使学习者在有意义的情境中，学会运用自己的语言知识，并不断提高语言表达的流利程度。

（六）交互假设理论

双语习得中的交互假设，把可理解性的语言输入、调整后的语言输出和会话交流的作用融合到一套具体的思想体系中，形成一个假设，基本观点是会话交流中的交互活动有助于第二语言的学习。与克拉申相同的观点是，在学习者的内部加工机制运作之前，双语习得主要依赖于可理解的输入。不同之处在于，克拉申认为，对输入的理解是自行产生的，而交互假设理论更关注的是产生可理解性输入的条件。交互假设理论认为，在交际过程中产生问题时，只有通过交互的形式，被调整的输入才会变成可理解的输入。我们可以这样理解，当母语与第二语言相遇时，双方会因为在理解和表达上遇到的一些问题而调整各自的语言以便于交流，特别是本族语者会调整语言以适应非本族语者的水平。这种调整会导致两个好的结果：一是交互继续进行并完成交际目的；二是能重新提供可理解的输入。在此过程中，本族语简化了的语言，能有效地促进学习者的双语理解，从而促进其语言习得。

课堂互动有效促进了互动性调整的发生，增强了语言输入的可理解性，使学习者在交流互动的过程中，能有意识地高度注意对方的语言，并能进行有意义的磋商。所以，课堂互动与教师讲解相比较，为学习者提供了更多语言输入的机会，并增加了其接受语言输入的数量。

（七）交际法语言教学理论

20世纪60年代末，随着听说法在外语界受到越来越多学者的质疑，人们开始把目光投向提高"交际能力"的教学理念，并在研究探索过程中逐步将其发展成交际法语言教学理论。这种以培养交际能力为目标的教学方法对应用语言学和语言教学都产生了巨大的影响。美国语言学家海姆斯首先提出交际能力学说理论，他认为，语言能力只是交际能力的一部分，交际能力是"何时说、何时不说，以及关于何时何地以何方式与何人说何内容"。他的交际能力学说强调，语言的社会文化特性、语言的交际功能和语言的应用能力，把对语言的关注点放到了语言的实际运用和具体操作上。

随后，有其他相关学者对其进行了补充，并提出了交际能力理论的建构模式。交际能力在该模式中由四个子能力组成，即语法能力、社会语言能力、语篇能力和语言能力。美国应用语言学家巴克曼在总结其他学者的理论基础上，于20世纪90年代提出了关于语言交际能力的观点，巴克曼强调在不同的语境中，交际双方可以毫无障碍沟通。也就是说，交际双方可以向对方表达自己的思想，同时，可以理解对方的观点。威尔金斯（Wilkins）阐述了交际的定义，设立了语言教学的交际大纲，后来经过他的进一步补充和修改，意念功能大纲由此产生。

交际教学法的核心观点是"用语言去学"和"学会用语言学习"。它反对单纯地学语言，也批判以学习语言的知识为目的的学习。交际教学法提倡教学的目的不能过多地关注语法能力和语言能力，而是应该将目光投向学生的交际能力，通过促进学生之间的交流互动，来培养和发展学生的交际能力。

互动是交际语言教学法的核心，也是交际语言教学法所要体现的全部内容。也就是说，交际的主要来源是互动，即两人或更多人之间相互交流合作且产生影响。交际语言教学需要通过由语言交流来完成的互动活动达到预期的教学目的，提倡教师与学生多边互动的教学活动。其中，互动性的教学活动包括会话、角色扮演、小组讨论、即兴表演、辩论和虚拟情境等。在课堂教学中，教师需要使用真实的语料，给学生创设出实际的沟通情境。这些情境都是反映现实情境和生活需要的，也是贴近学生生活的。教师以组织者的身份，为学生创设适合学生互动的情境，鼓励学生主动去完成活动，并且在学生遇到困难的时候协助他们。同时，交际语言教学法也强调学生的自主性，教师在学生学习过程中，需要运用各种方法来激发学生的主观能动性。也就是说，交际语言教学的课堂教学本身就是一种交际活动，是一种师生双方多向互动的语言实践过程。

（八）互动假说

迈克尔·朗（Michael Long）在研究双语习得的过程中，提出了互动假说。互动假说认为，人们在进行互动交流的过程中，交际的双方很可能会遇到交际障碍和困难。为了克服这些障碍和困难，确保交际活动顺利开展，交际双方必须进行意义协商。也就是说，交际双方通过不断的提问、证实和复述等一系列的协商过程，最终达到准确地表达意义和传递信息的目的。比如说，交际的一方没有听懂，要求对方重复一遍或者一方向另一方核实内容，或者一方没有交代清楚全部的信息，另一方继续询问。

互动假说认为，学习在这个意义协商的过程中，获得的可理解语言输入是非常有利于语言学习的。此外，在意义协商的过程中，学习者在语言输出后获得的一些反馈也是促进语言学习的一个重要因素。反馈可以使学习者知道自己在交际过程中，所说的话是否准确。如果不准确，学习者就要对自己所说的话进行调整，直至交际双方都能够理解。换句话说，反馈可以促使学习者调整自己的语言以达到使交际双方相互理解的目的。通过反馈后调整的语言输出，学习者可重新调动已有的知识和技能，修正自己的知识体系，促进语言学习。互动假说的一个最新观点是，在意义协商的过程中，学习者虽然关注的是意义而不是形式，但是他们也会注意到这个过程中其他一些学习者使用的语言形式。从这个角度来说，意义协商也可以促进语言形式的学习，而学习者通过意义协商来克服这些障碍和困难。在意义协商的过程中学习语言知识，掌握语言技能和发展交际能力。这就涉及互动假说的核心问题：互动任务可以促进意义协商，而意义协商有利于语言学习。

在互动任务中，学习者通过以两人一组或多人一组的合作方式来解决某个问题，在经历接收信息、传递信息、处理信息和表达意义的过程中，学习者可能会遇到一些困难，有些是表达困难，有些是理解困难。为了解决这些交际障碍和困难，学习者将会根据双方的反馈来调整自己的语言输出，从而最大限度地确保流利的交流，而这个过程就是意义协商的过程。这也就解释了互动任务为什么可以促进意义协商。那么，为什么说意义协商有利于双语习得呢？通过学习者之间的意义协商，不仅可以获得更多的可理解性语言输入，还可以调整和修正其语言输出，使得语言输出更加接近准确的语言形式。经过这种互动调整后的输入和输出，能够最大限度地被学习者所接受，从而促进语言学习。

第三节　大学英语口语互动式教学法的操作程序

英语课堂中的互动式口语教学，是以现代教学思维和教学理论为指导，把以教师为中心的满堂灌教学方式变为教师引导、鼓励和组织学生积极参与、师生互动，集知识讲授、质问设疑、交流讨论、归纳总结等教学手段相融合的合成式教学运作方法，充分体现了新课程理念下新型的教学方法：即以教师为主导、学生为主体、训练为主线、思维为核心。这种方式能促进教师和学生，以及学生间的多边活动，保证课堂教学顺利而有效地开展，能适应现代教育发展和学生发展的需要。该方法能够提供足够的时间和空间，让学生参与课堂，真正体现学生的主体地位，为教学创设良好的学习氛围，减轻学生的心理负担，为培养终身学习能力打下良好的基础。任何一种课堂教学方法的实施都有它的基本环节，但这些环节的应用是灵活的，而不是机械呆板的，要根据学科的性质和具体的教学内容，进行适当的调整和变化。

一、英语课堂口语互动教学方法的操作程序

（一）确定目标与问题引路

摒弃传统教学中教师开口就讲的习惯，把课堂的第一个环节设为确定学习目标，让学生明确所学内容与标准，引导其思维，促其产生求知期望和达成目标的心理倾向，调动其学习的主动性与自觉性。只有凭借教学目标，才能利用教材中原有的知识，以新旧知识间的联系或冲突，引发学生的求知欲望，从而围绕目标实现有效互动。但不要做平铺直叙的目标讲解，最好在教学情境中引导学生自己生成，在此过程中，激发其学习兴趣，促其产生强大内驱力，使其主动学习与探索。课堂中能引导学生的问题，往往产生于学生不易理解、较为陌生的概念与知识中，如果他们感觉不到问题的存在，学习过程就只能停留在表层或流于形式。课堂口语互动教学方法需要采用有效的问题来引发学生的思路、学习动机和行为。问题应具有启发性、思考性和挑战性，才能既激发学生的好奇心与兴趣；问题又要具有发散性，以拓宽学生

的视野和知识面。问题应难度适中，既要超越学生已有水平，又不能过于有难度，避免打消学生的积极性。关键是问题的指向要明确，要与教学目标吻合，学生能通过思考、质疑和交流，拥有丰富的学习体验。教师应注意抓住时机，紧扣思维焦点，促使学生多角度、多层面的思考。

（二）情境呈现与操练体验

情境呈现是学生感受新知的重要环节，是教师引导其感知语言和习得知识的黄金阶段。情境是外语教学的核心，是整体输入与输出的载体。情境中大量的语言知识要求学生理解并整体把握，语言只有在情境中才能得到理解。而课堂互动在情境中才能实现。创设真实的情境有利于培养学生的理解力，让学生能感觉到所学知识就在日常生活中、在自己身边。用情境教学法营造一个语言学习环境，会使所学语言有一定的生命力，而不是单纯为学语言知识而教语言。创造适合该语言的语言环境，才能使学生理解何时何地运用更加合适，形成良好的迁移策略。

操练体验是学生互动交流的主要环节，是系统升级学生所学新知，在反复操练中内化为自己的东西，此环节需通过相对独立又层层深入的活动引导学生参与、实践、体验。在此过程中，学生反复理解操练知识点，是学生从不会到掌握学习语言的过程，教师应设计多种形式的活动，保证其既有趣味性，又有训练价值。此过程其实也是学生机械记忆语言和训练语言的过程，是语言学习的必需阶段。

（三）思考探索与质疑问难

教育就是教人思维。所以，在传授语言知识与技能的同时，一定要关注学生思维能力的培养。教学生学会思考和探索，学会用自己的思维去获得知识。教师应采用启发引导和指导点拨的方法，使学生在参与中对一些抽象而难于理解的问题进行独立思考、主动探索和自由表达，激发学生思考和探索的兴趣与愿望，促进教学的动态生成，使课堂充满活力。但在引导学生思考与探索的过程中，应给予其充足的思考空间，引导其思路，传授其相应的策略，使其掌握知识间的内在联系、逻辑关系，并鼓励学生敢于向教师问难，向教材质疑，唤起学生心中的疑窦，促其产生认知冲突，产生求索志向和动机。促使学生形成独到的见解，不断培养其独立思考与自主探索的精神。

（四）组内讨论与组际交流

组内讨论是一种有纪律的协调对话。在讨论前，首先应根据学生的基础和实际情况来确定适合的主题。能引起其兴趣的、学生熟悉的、被学生关注的话题，才能引发其深入思考。所以，教师应关注讨论话题的有效性，多给学生提供一些相关背景知识和资料，并督促其独立搜集和查询。在讨论过程中，师生都要紧扣主题，相互启发，可通过提问、争辩和演说等形式，充分调动和激发彼此的思维，尽情发表个人观点，从而形成对文本知识的多元化理解和对知识意义的多样性建构。

组际交流是小组讨论的延伸和继续。使用这种交流形式时可选出优秀代表，使其在教师的启发与点拨下，充分展示小组内自主学习中知识建构的成果，发展他们思维的灵活性、广阔性、深刻性和创造性。教师需要注意的是，不要心存顾虑而越俎代庖，要大胆放手，善于倾听，以便了解学生的真实体验与知识掌握情况，不轻易打断他们的思路和发言，不要做过高要求。对有个性、特色和标新立异的学生，教师应鼓励表扬，让学生充分享受学习的乐趣，体验学习的自信和成功的乐趣。

（五）及时评价与总结反馈

在学生参与互动的过程中，教师应本着及时评价、鼓励为主的原则，表扬其积极参与的态度、独立自主的意识、独特的观点和个性化的表述，肯定其大胆的创造性的劳动成果，用欣赏、尊重、理解和宽容的眼光对待学生，给学生一种成就感和幸福感。此外，评价方式要多样，可有学生自评、教师评价和学生互评。评价可以对每个目标的达成做出总结，是此环节的终点，同时，又是下一个循环的起点。缺少总结，课堂会显得散漫。总结的目的是对所学的知识进行概括和归纳，使教学内容作为一个有机的知识体系输入学生的认知结构中。课堂总结要本着突出重难点、找到知识的逻辑联系和内在结构为原则，重点培养学生的归纳总结能力。精要的小结可使学生带着满足与继续探索的心绪走出课堂，保持并延续学习热情，产生新的学习动机。评价鼓励性的总结可以肯定学生的学习态度、思想状况和行为表现，充分调动其学习积极性。

二、互动教学方法对英语口语教学的启示

（一）合理设计教学目标并精心设计问题

英语课堂教学过程中的各种形式的口语互动，都是以教师的启动为基础的。尤其是新课讲授前，教师对学生适当的引导是必需的，包括向学生

介绍有关知识并提出教学要求、为扫清学习新知识的障碍提供丰富的感性材料、为加深学生的理解打下良好的基础。在教学过程中，为了激发学生思考，通常要提出一些问题。因此，教师首先要吃透教材和学生，精心设计问题。这些问题，要紧紧围绕教学目的，体现教材的重点难点，既让学生知道"是什么"，又要使其明白"为什么"。问题的设计要紧密关联，由浅入深，有助于引导学生自然融入课堂。同时，要为学生营造良好的语言环境和提供充分的语言实践和语言交际的机会。教师的启动可在课前，也可在课后，应引导学生进入良好的准备状态，激发其学习兴趣，产生求知欲望。老师应并根据学生心理、生理上的特点，制订切实可行的、学生容易达到的"阶梯式"教学目标，助其明确学习的方法和要求，在交流中感悟新课，自己去发现问题、研究问题，为互动讨论做好准备。

（二）充分利用小组合作并提供有效平台

要使学生乐于在课堂上互动，就要营造民主、和谐的教学氛围。老师应充分利用小组活动，让学生在小组合作中感受自由、民主、平等的语言环境。此外，还应加强小组成员间及组际间的交流，为其提供平等的机会和公平良好的竞争机制，促其在合作交流中友好互动。同时，教师要更新观念，努力建构新型的师生关系。教师一个亲切的称呼、一份期待的目光、一个关切的手势和充满爱意的微笑，都可在无形之中缩短师生之间生理和心理上的距离。教师和学生一同去学习、探索，让他们觉得教师就是他们的朋友，是学习的合作者、好帮手。这样，他们就会无所顾忌地表达自己的意见，敢于回答教师提出的问题。

（三）灵活调控课堂并适时给予点拨

在教学过程中，教师通常习惯通过问题纽带把师生联系起来，产生互动。教师在期待学生准确、迅速、完整地回答出问题的时候，要关注到学生水平的差异性，当部分学生的思维或语言产生障碍时，教师应当冷静面对，运用灵活的教学机制，采用精练恰当的语言进行点拨，力求语气委婉，真正帮助学生突破障碍，促其加快思维进程、语言表达流畅。另外，也可利用体态语言进行点拨，一个清晰的手势、一个赞许的眼神和鼓励期待的目光，学生就不会紧张而不知所措，从而信心大增；体会到成功的喜悦，增添学习的乐趣。同时，老师还要引导学生学会质疑。学生由疑而问，是一个主动学习、积极思维的过程，不善于质疑问难的人，学习态度一般比较懒散、知识面也相对狭窄。善于质疑问题的学生通常思维活跃,解决问题能力强。课堂上,教师应满腔热情地保护学生质疑的积极性,要经常鼓励学生,在课堂上创造善于质疑的良好氛围,使每一个学生都动起来,真正做学习的主人。

(四)准确评价反馈并及时表扬鼓励

教学过程必须关注学生的过程性评价,肯定他们在学习中的每一次进步和收获,才能真正保证他们课堂中的长期有效互动。在交流互动的过程中,老师可通过适当的点评,肯定学生的点滴进步,鼓励学生自信地表达;消除学生恐惧、害羞的心理,帮助他们提高自信心。严格要求学生尊重每一位发言人,学会认真倾听,禁止嘲笑他人。评价性发言要有礼貌,引导学生产生情感上的共鸣,实实在在地营造出平等、宽容、尊重、理解、和谐、愉快的学习氛围,让课堂成为学生自主学习的乐园。只有让学生感到自己真正是学习的主人,才会促其在课堂上畅所欲言、自由发挥,从而满足其求知欲望。在提高课堂学习效率的同时,锻炼学生的综合语言表达能力。

第四节 互动式教学法在大学英语口语中的应用

21世纪,社会对外语人才的需求与日俱增,培养复合型的外语人才,使之具有"实际应用能力、独立操作能力、创新能力、多向思维能力、自我可持续发展能力",是外语工作者不可推卸的责任。口语在英语教学中越来越具有重要性,口语表达能力成为主要培养目标之一。为了实现这一目标,更好地培养学生的口语能力,就必须从教师到学生、从观念到实践等各个方面进行必要的改革。但是在应试教育的影响下,我国非英语专业学生的口语学习一直是个薄弱环节,"哑巴英语"的现象十分普遍。《大学英语课程教学要求》(2007年版)明确指出:"大学英语的教学目标是培养学生英语综合应用能力,特别是听说能力。"新的课程要求从根本上改变了传统的教学理念,将听说能力的培养提高到前所未有的高度,被视为体现英语应用能力的重要因素之一。

在市场经济迅速发展的今天,口语能力的培养呈现出互动式教学的趋势。作为教师,要重新调整自己的角色,不断提高自身的综合素质,为学生营造良好的学习氛围。学生也应在新型的教学方法中充分发挥其主体作用，努力提高语言的运用能力，以满足社会发展的需求。

英语口语是英语教学的重要环节。利用互动式教学进行大学英语口语教学，是一项非常重要的举措，对于英语教学有非常重要的意义。首先，增强课堂互动性有利于学生课堂参与度的提高，课堂参与度提高了，课堂教学氛围会得到很大的改善，为学生的英语口语学习创造一个良好的环境。其次，互动式教学应用在大学英语口语教学中，有助于学生实践和创新能力的培养，互动实际是一种口语知识的应用，在互动中，学生不断使用所学，巩固了所学知识，提高英语口语交际能力。最后，互动式教学应用在大学英语口语教学中，有助于学生自身能力的提升，在互动过程中，学生和学生可以互相取长补短，互相学习，丰富自己的知识面，扩大词汇量，不断提高英语口语水平。

一、理论基础

所谓培养能力的互动方法，一是学生英语能力课堂内外的互相促动；二是教师和学生的互相推动；三是知识与能力的互相带动；四是内容与方法的互相牵动。

课堂内外的互相促动，是指课堂内外学生在能力上的一种互补方法。课堂教学是能力培养的基本方式，是课外能力培养的基石，然而，有限的课堂教学时间在一定程度上阻碍了能力的培养。因此，这一互相促动有助于巩固和发展课内知识和课外语言实践活动，在语言能力的培养上构成了一种互补和互相促动。教师和学生的互相推动表现在教师对学生有带动作用，学生在课堂内外获得的语言知识与能力，反过来又推动教师语言能力的提高与发展。知识与能力之间互相带动，知识带动能力的发展，能力促进知识的获得。内容与方法的互相牵动说明，教学内容与教学方法之间的关系是相互制约又相互牵动的。

在口语教学课堂上，口语能力培养中的互动式教学方法则更注重教师与学生的互动关系、学生与学生间的互动关系，教学的互动性为学生口语能力的发展提供了保障。

顺应理论是一种关于人类语言交际的行为和认知理论。人类从事包括社会交往在内的社会实践，主要通过使用语言来进行，而语言的使用是"一个经常不断的、有意无意地、受语言内或语言外因素左右的语言选择过程"。语言的选择发生在语言结构的任何层面,与语言选择相呼应的是语言的顺应。语言的变异性、商讨性和顺应性,使人类能够不断地对语言进行选择。语言顺应包括了语境关系顺应、结构客体顺应、动态顺应以及顺应过程的意识突显。语境关系顺应强调语言使用过程中的语言选择与交际语境的相互适应。结构客体顺应强调对语言因素各方面的选择应相互顺应,即结构客体之间应相互联系、相互影响。动态顺应强调语言使用中意义的动态生成,它与语境关系和结构客体相互作用,并促成话语意义的生成。意识突显表明了人们在使用语言时,语言行为要涉及社会和认知因素。

语言的学习离不开"顺应意识"。我国英语教学长期"费时低效",表明教学中缺乏语言顺应意识,而在"以学生为中心"的互动式教学中,为了提高口语学习的效果,口语课堂中的语境要真实,语言的选择应贴近真实的交际环境,同时应考虑到语言要素本身的相互顺应。

二、互动式教学中的原则

互动式教学原则可概括为:强调参与性,避免单一性;提高能动性,避免机械性;主张交流,避免灌输;注重实践,避免应试。学生主体和教师主导的相互为用原则,是互动式教学原则的核心。

(一)学生主体和教师主导的相互为用原则

以学生为主体是现代语言教学的趋势,符合语言发展与学习的基本规律,是互动式教学理论的核心。教师主导作用在于实现学生主体,而学生主体反过来活跃教师的主导作用。两者相互为用、相互促进,体现了教师与学生相互学习的教学方式——互动式教学法。

这个原则要求建立以学生为中心的课外互助体系和课外活动时间课程体系,促进学生课内外口语能力的共同发展。为了提高口语课堂教学效果,教师在授课中应注重运用相对真实的语言材料,通过小组讨论、角色扮演、口头报告等形式,培养学生的口语交际能力。一方面,教师要积极地拓展学生的文化视野,另一方面,激发学生的学习兴趣和开发学生的学习潜能,从而做到学生参与、教师指导,教师和学生相互促进的互动式教学。

(二)互动式教学法中教师的主导作用

首先,教师在言语行为方面,要为学生树立好"顺应"典范,以充分发挥学生的主观能动性，激发学生课堂的参与意识与英语顺应意识。教师应具备较强的口语能力、较强的自信心以及有效的教学策略等，这些都能为学生的能力培养起顺应典范作用。其次，教师要为学生尽可能创造真实的英语顺应环境，如让学生接触地道的视听材料，让交际环境"自然化"。最后，教师应尽可能地将课堂内容真实化和实用化。教师在课堂教学中的作用是毋庸置疑的，要做到互动教学法的有效运转，教师在教学中不再仅仅是知识的传授者，而更是教学活动的组织者、监控者、评价者、鼓励者和指导者，更重要的是，要善于扮演好平等参与者的角色。

（三）互动式教学法中学生的主体作用

运用能力的提高需要教师的指导，但更为重要的是要靠学生的直接参与和实践。在互动法教学中，学生是参与者、合作者、竞争者与实践者。具体体现在以下几个方面。

第一，参与合作精神。英国语言学家威多森（Widdowson）指出，在人们的社会交往中，语言交流是一种相互活动。这种活动是双向的、相互联系的言语行为。同样地，教学活动本身也应是互动性行为。莫若（Morrow）指出，语言教学的一个重要部分是学习者的主动参与。培养他们的参与意识需要三个基本要素：要为学习者创造一个比较真实的语言交际情境，以及相应的语言实践条件。要为学习者提供带有实际意义的内容与话题，激发他们的思想交流。学习者本身要有参与语言交流的实际愿望。在具体环节上，采用小组讨论、两人对话、角色扮演、专题讨论、热点话题辩论、记者采访、模拟活动等多种教学方式，以教学方式的实践推动学生的主体参与意识，促进语言交流的互动作用。口语活动中，学生之间既要互相依存又要个人参与，以合作性集体活动为主，分组或分队进行，体现了参与合作精神，学生可以做到互相探讨、集思广益、取长补短。学生间的参与合作还可以加深彼此的了解，培养学生的责任感和独立意识，以及培养他们的语言能力。

第二，竞争精神。外语课堂活动中，学生互为对手，互为目标，彼此竞争。竞争能促进学生的上进心，能唤起学生的思维意识活动，能最大程度地发挥个人的主观能动性以及增强自身的自信心。因此，在互动性教学中，学生之间彼此又是竞争者。

第三，学以致用精神。认知理论认为，英语学习的过程，也就是新旧语言知识不断结合的过程，也是语言能力从理论知识转化为自动应用的过程，而这种结合与转化，都必须通过学生的自身实践才能得以实现。教学实践使我们认识到，学习者是互动性语言活动的参与者和实践者；只有参与语言实践，他们才有可能掌握目的语。语言学习的最终目的是运用语言，其前提也是运用语言。只有当学生不断地实践，他们的语言运用能力才会得到不断的提高。语言在交际中不断地被应用了，语言才会更有生命力。教师应尽量地给学生创造语言实践机会，使学生的交际能力得到锻炼与培养。

三、如何开展大学生英语口语互动式教学

互动式教学法是教师与学生之间互为主体的双向交流、讨论和沟通，是学生在教师有目的、有计划、有组织的指导下，积极主动地掌握系统的文化知识、发展智力和陶冶情操的过程。在整个教学的过程中，教师和学生起着同等重要的作用。要有效地完成教学过程，取得好的教学效果，必须同时调动教与学两个方面的积极性。课堂师生互动本身就是一种语言交际活动，是锻炼学生语言能力的最佳机会。如果在课堂上学生与教师、学生与学生之间能够利用一切机会进行英语交流，就能直接获得学习和掌握语言的机会。同时，学生还能参与管理自己的学习，这会使其学习态度变得更加积极、负责。互动式教学法在大学英语口语教学中，可以有策略地分为以下几种方式。

（一）强迫互动式口语练习

英语口语的提高，关键在于练习。口语是一种利用语言表达思想的能力，口语教学的目的就在于培养和训练学生语言知识的转换能力。作为英语教师，应该尽可能多地给学生创造练习的机会，加大学生口语的训练量和训练强度，加速学生从语言知识到语言能力的转换。在中国，由于受传统教学法的影响，在英语课堂中，学生习惯于大部分时间由教师讲解，被动地接受知识。同时学生存在着爱面子的思想，怕出错误、闹笑话，上课时不喜欢积极发言。贝特认为"人不犯错误是学不会语言的"。因此，为了迫使学生开口讲英语，逐渐放开思想包袱，教师有必要采取一些强制措施，与学生进行互动口语练习。教师把学生课堂英语口语能力的表现以分数的形式表示出来，并与学生的期末成绩相结合，起到一种强制性作用，但是教师不要把学生的口语错误作为唯一的评判标准。对学生的口语成绩进行评估，应着重于学生对知识点的掌握和表达思想的能力。布朗（Brown）

区分出三种不同的外语学习动机。第一，整体动机，指外语习得的一般态度。第二，情境动机，如在自然习得情况下，学习者动机不同于课堂学习者动机。第三，任务动机，指对具体任务的动机。在任务动机的驱使下，学生为了有好的成绩，会不得已开口进行英语对话。经过大量的强迫性练习，学生会逐渐养成用英语思维的习惯，逐渐克服胆怯的心理，敢于大胆开口说。在课堂教学中，教师应逐渐减少自己的讲话时间，增加学生的会话时间，使学生有更多的机会和时间多说多练，在语言能力、交际能力和英语思维能力等方面得到迅速提高。

1. 课堂问答

在课堂教学中，对于课文内容的理解及课后一些易于口头表达的问题，可以采取教师提问学生回答、学生提问教师回答、学生互相提问的形式，还可以采取共同商讨的方法，来寻求正确的答案。学生可以从课文中找出原句子或者词组的固定搭配，来组织成自己的句子回答问题。这样形成的句子错误相对较少，能够增强学生开口讲英语的自信心。在教学活动中，教师可以切实地为学生创造口语练习的机会，同时，由于受分数的限制，迫使学生从被动的语言知识灌输对象变成教学活动的主动参与者。学生会分出一定的课外时间预习课文，并对可能提出的问题进行准备和练习。在互问互答的过程中，既有利于学生对课文的理解，又使师生之间处于和谐的英语会话语境之中。

2. 小组讨论

在互动式教学法中，教师是学习活动的鼓动者和参与者。形式多样的课堂活动，如小组讨论、辩论、扮演角色等，可以激发学生学习英语的兴趣，促使学生积极思考问题、自觉参与。小组讨论更加有利于学生英语口语水平的提高，教师可以将班级根据就近原则分成有固定成员的若干小组，让学生就某个问题发表见解。为了便于学生讨论，可以提前给出讨论的题目，要求学生阅读相关的文字材料。在讨论活动中，学生的注意力应放在如何围绕主题发表见解，而不是语言的语法、发音等错误上。学生开展对话活动时，教师应在教室巡视，观察学生讨论的情况。当学生的讨论冷场了，或者学生忘词了，教师可对他们进行鼓励或提示，使讨论活动顺利进行下去。每位学生可以分配不同的任务，如小组主持、秘书、发言人、总结人等，每次更换任务，这样使得性格内向或口语表达能力差的学生有机会发言，使其逐渐树立自信心并积极参与活动。讨论结束时，教师应倾听各小组的讨论结果，并提出优缺点，使学生对自己的成绩始终保持清醒的认识。最后，教师根据每组的不同表现给出小组整体成绩。当小组成员各有自己的任务时，会增加对活动的参与意识。同时，小组讨论还可以加强学生的团结协作精神。

3. 朗诵与课文复述

朗诵对语言学习很有好处，它可以帮助学生熟记语言材料，加深对课文的理解。朗诵的过程是知识输入的过程，学习者在此过程中不停地进行思考，可以全方位地输入单词的固定搭配、句子的结构模式、上下文的连接方式、发音的节奏、速度、重音、语调模式。在朗诵的过程中，学生的口语错误大大降低，可以把重点放在语音的标准、句子的流利程度上。而课文复述比朗诵在口语训练上更进一步，因为课文复述是建立在已有的语言材料上，进一步去发挥学生自己组织语言的能力。此外，由于有固定的语言资料作为基础，学生可以使用一些单词的固定搭配、句子的结构模式。与临场发挥式口语训练相比，可以减少句子中的错误，增强学生讲英语的自信心。在朗诵过程中，采取师生互动式的方法，学生可以进行比较，通过教师和学生朗诵的对比，学生可以发现自己的语音错误，学习教师的语音、语流，进行语言正音。在课文复述过程中，采取师生互动的方法，学生可以学会教师组织语言的方法，懂得课文的语言重点，了解文章的中心内涵。

（二）轻松互动式口语练习

互动式教学内容要做到激发学生参与活动的兴趣。根据交际教学法的观点，学习动机来自对语言交际内容的兴趣。当学生参与了充满趣味性、实用性和挑战性的英语实践活动后，就会对课堂教学产生浓厚兴趣，刺激自身内在的学习英语的动机。一个教师在教学中，除了凭借自己的语言功底、教学经验和教学观念外，还应多鼓励学生，让学生体会到学习英语的乐趣，为学生创造一个轻松、和谐的语言学习环境，减少学生在学习中出现的焦虑感和抵触情绪。

1. 师生互动情感交流

人本主义的学习方法强调，在教学过程中应把学生作为一个"完整的人"来看待；教师与学生的关系应是合作者的关系，不应有上下级之分。在英语口语训练中，学生应成为活动的中心，教师应该是一个指挥者、引导者、激励者，更应是一个合作者。语言学家利特尔约翰（Andrew Littlejohn）说："……如果我们的目的是要培养交际能力，那么我们的方法本身就应该是交际性的——也就是说，它必须是学习者与教师之间进行的，有关学习过程中思想感情的交流和协调，教师在此过程中是作为参与者而非整体的控制者。"教师要坚持情感教学原则，包容学生的口语错误，帮助学生解除心理压力，让学生能够轻轻松松、毫无顾忌地说英语，并积极与教师用英语交流情感。教师有必要从课文中找出一些与学生生活密切相关的事情、时代性较强的问题和中西文化的问题，师生互相发表一些看法和对问题的见解。教师有必要讲一些自己的生活经历，并了解学生的某些生活细节，在英语口语对话中，促进师生了解和情感沟通。在课间休息时，教师与学生可以用英语闲聊，谈话内容可涉及生活的各个方面。这样便于师生情感交流，又使学生讲英语的气氛变得更加宽松和谐。

2. 互动趣味语言活动

兴趣是最好的老师，有趣的语言活动不仅可以大大增强学生学习英语的兴趣，而且可以激发学生的自我责任感、个人创造能力、信心和独立思考能力。在英语口语教学中，教师应采取灵活多样的方法，把内容丰富有趣的课堂活动开展起来，使得学生积极参与各项趣味活动，能够轻轻松松开口讲英语。

课堂活动多种多样可以使课堂气氛活跃、内容丰富有趣，使不同程度的学生都能参加到活动中去。练习口语的教学活动，应包括课前讲英语故事、听唱英文流行歌曲、朗读名篇段落等，课堂上可以根据课文内容开展角色扮演、情境对话、专题讨论等活动。同时，可以利用网络等现代化教学手段，为学生播放英文电影和精彩的英语辩论赛。在学生观看的同时，鼓励他们模仿精彩的语言或对白。语言教学应尊重和重视学习者，把学习和自我实现结合起来。在教学中，教师采取互动式英语课堂教学法，使教师处在与学习者合作、互动的位置上，给学生一定的权力，营造并保持一种良好的学习氛围。通过师生互动、学生与学生互动，满足学生英语口语练习的需求，有利于学生提高英语学习兴趣和语言交际能力。

（三）3D互动式口语教学

口语教学是大学英语教学的薄弱环节，情感因素是影响大学英语口语能力发展的关键因素，也是常常被忽视的一个变量。3D互动式教学法，有助于削弱学生的消极情感，提高学生的英语口语水平。

  3D 是 Dialogue-method（对话法）、Discussion-method（讨论法）、Debate-method（辩论法）的简称。它是以学生的语言实践活动为中心，通过对话、讨论和辩论等方式，提高学生语言交际能力的外语口语教学法。互动一词来自德国社会学家西美尔在 1908 年所著的《社会学》一书。互动指两个人或更多人之间通过相互影响，合作交流思想情感。3D 互动式教学法，是根据克拉申的习得理论及交际法的教学原则设计的口语教学法。克拉申的情感过滤假说（Affective Filter Hypothesis）表明，情感对习得机制并无影响，但情感因素起着阻碍或者促进输入传到大脑语言习得器官的作用。克拉申把情感因素归纳为三类：动力、自信心和焦虑程度。其中，动力和自信心与语言习得正相关，而焦虑程度与语言习得呈负相关。这一假说为非英语专业学生口语学习提供了理论支持，教师要尽量消除学生的心理障碍，鼓励学生多开口。语言输入必须通过情感过滤，才可能变成语言吸收。在语言输入到达大脑语言习得机制的进程中，情感因素具有促进或阻碍的作用，语言习得者的情感过滤强度，因人而异。消极的情感因素对语言输入有很强的过滤作用：持消极情感的语言学习者，不仅不会主动获取更多的输入，甚至连能够理解的语言输入也很难习得。持积极情感的外语学习者，其情感过滤的作用很弱，信息容易进入学习者大脑中的语言习得机制，其语言习得能力也会增强。

  笔者以《大学英语听说教程》为例，选取一些具有趣味性和论辩性的话题，开展教学活动，谈谈 3D 互动式教学法的具体实施步骤。

  1. 对话法

  对话旨在通过练习情境对话，掌握英美人日常生活及工作中的会话能力。具体的对话方式由教学光盘提供示范，学生模仿、熟记，伴随情境在学生间演练，最后是学生示范。求职面试是当今大学生关心的热点问题，可以让学生进行模拟面试。结合现实生活设计面试问题，教师就学生的表现提示面试中可能会遇到的问题，提醒学生注意面试过程中非语言交际的恰当运用。在口语课堂上，针对学生思维活跃、敏感的特点，教师应经常采用鼓励式教学原则，激发学生的学习热情。

  2. 讨论法

  以小组讨论的形式，让学生就社会热点问题发表自己的看法，有助于提高学生口语表达能力，适合非英语专业低年级学生的英语水平。老师事先给出讨论题目，要求学生在课前阅读相关的语言材料，熟悉相关词汇。考虑到非英语专业学生的逻辑思维能力仍普遍较差，可以有意识地选择一些有助于培养归纳能力的话题。例如，可以讨论以下两个问题：If you were an interviewer, what sort of job applicants would you prefer? How would you try to impress your interviewers during a job interview?然后引导学生对模拟面试进行反思。讨论完毕后，让每组的学生代表汇报小组成员的观点，教师对学生的讨论结果要进行充分的肯定，并以恰当的方式指出不足。

3. 辩论法

辩论法能够提高学生的逻辑思维能力（包括多角度分析问题、换位思考、以发展和变化的眼光看问题的能力）和跨文化交际能力，适合于英语水平较高的学生。在讨论完面试之后，进一步深入探讨人生职业规划，可选取的辩论题目为：In today's society, it is okay to focus on one career for a life time. 教师提醒学生注意辩题中的三个关键词：today，okay 和 career，引导学生从大学毕业生"跳槽"现象严重、年轻人眼高手低、就业形势严峻等多个角度进行论证。在组织程序方面，教师预先确定和公开辩题，提供一些可能用得上的词汇、词组。将全班学生分为正方和反方两个辩论小组，组织辩论双方收集资料、罗列论据、讨论方案，各推选四名同学当辩手。最后，将全班学生分成两大组，台上辩论台下质询，辩论结束后由教师点评。

参考文献

[1] 庞春萍. 多元互动，升华中职生的英语素养 [J]. 中学生英语，2017（16）.

[2] 孙书兰. 多元互动评价在初中英语课堂教学中的运用 [J]. 科普童话，2017（02）.

[3] 黄玉华. 关注多元互动，彰显课堂魅力 [J]. 校园英语，2014（18）.

[4] 袁沛. "多元互动"大学英语分级教学效果实证研究 [J]. 武警学院学报，2012，28（03）.

[5] 龚小萍. 译者忠实对象的多元互动 [J]. 西华大学学报（哲学社会科学版），2015（04）.

[6] 袁沛. "多元互动"模式在大学英语分级教学中的应用 [J]. 课程教育研究，2012（14）.

[7] 张善军. 多元互动式大学英语实验教学反思 [J]. 外语电化教学，2011（04）.

[8] 王晓凤，阮绩智，周昕. 基于信息技术的"多元互动混合式"翻译教学探析 [J]. 浙江工业大学学报（社会科学版），2010（04）.

[9] 袁玉. 多元互动英语课堂教学模式的探究 [J]. 英语教师，2016（23）.

[10] 韩娟，张文保. 关注多元互动，创设高效英语课堂 [J]. 疯狂英语（教学版），2016（10）.

[11] 袁沛. 大学英语"多元互动"式教学课堂活动实验研究 [J]. 武警学院学报，2014，30（03）.